AF561120

LES MOUSQUETAIRES DE LA REINE

OPÉRA COMIQUE EN TROIS ACTES

PAROLES DE

M. DE SAINT-GEORGES

MUSIQUE DE **M. HALÉVY**

Représenté pour la première fois, à Paris, sur le Théâtre Royal de l'Opéra-Comique, le 3 Février 1846.

DISTRIBUTION DE LA PIÈCE

OLIVIER D'ENTRAGUES, } officiers des Mousquetaires de la Reine Anne d'Autriche . . . . MM. Roger.
HECTOR DE BYRON, } Mocker.
LE CAPITAINE ROLAND DE LA BRETONNIÈRE, ancien officier de l'armée de Henri IV . . . Hermann-Léon.
NARBONNE. . . . . Carlot.

ROHAN, } Mousquetaires de la Reine. . . Duvernois.
CONTAUD, } Palianti.
CRÉQUI, } Garcin-Brunet.
ATHÉNAIS DE SOLANGE, } Dlles d'honneur. . Mmes Lavoye.
BERTHE DE SIMIANE, } Darcier.
La Grand'Maitresse des demoiselles d'honneur . . . Blanchard.
Une Demoiselle d'honneur. . . . . Martin-Charlet.
Le Grand Prévôt . . . . M. Victor.

GARDES DE LA PRÉVÔTÉ, MASQUES, SEIGNEURS ET DAMES DE LA COUR, PAGES ET TROMPETTES DES MOUSQUETAIRES.

La scène se passe à Poitiers, sous le règne de Louis XIII, un mois avant le siége de la Rochelle.

Nota. — La mise en scène exacte de cet ouvrage, transcrite par M. Palianti, fait partie des mises en scène publiées par le journal *la Revue et Gazette des Théâtres*, rue Saint-Anne, 55.

ACTE I.

Le théâtre représente le jardin du palais habité par le roi et la reine. Au fond, à droite de l'acteur, le pavillon des demoiselles d'honneur. On y monte par un perron. Plus au fond, à gauche, une aile du palais avec de grandes croisées donnant en face du spectateur. Le jardin est orné d'épaisses charmilles, de vases de fleurs et de statues ; çà et là, de grands arbres, sous l'un desquels est un banc de gazon.

SCÈNE PREMIÈRE.

Au lever du rideau, des piqueurs et des gardes de la vénerie du roi entrent en foule, revenant de la chasse royale : ils déposent leurs armes et leurs équipements, et sont suivis de valets chargés de gibier.

CHOEUR.

Ah ! le beau jour ! la belle chasse !
Vive l'équipage du roi !
Et ses limiers de noble race
Des bois la terreur et l'effroi,
Et les coursiers hennissant sous l'écume,
Et les accords
De nos piqueurs poursuivant dans la brume
Le cerf dix cors !

SCÈNE II.

Les Mêmes, OLIVIER, NARBONNE, CRÉQUI, ROHAN, CONTAUD, CHAVIGNY, *et d'autres mousquetaires et officiers de la reine.*

OLIVIER, *entrant.*

Ah ! mes amis, il n'est pas, sur ma foi,
De plus brillant plaisir que la chasse du roi !

AIR.

Voyez cette noble assemblée,
Ardente et joyeuse, mêlée
D'écuyers, pages et seigneurs.
Voyez le piqueur qui s'avance
Avec sa meute qui s'élance

Aux sons du cor de nos chasseurs!
Mais le cerf agile,
En détours habile,
En ruses fertile,
Rit de ses abois!
Le traître la lasse,
Comme une ombre il passe
Sans laisser de trace
Aux feuilles des bois.
Alors, à sa poursuite
On s'élance joyeux,
On s'anime, on s'excite,
On court à qui mieux mieux;
Pendant qu'un chasseur lutte,
Avec son fier coursier,
L'autre fait la culbute
Au fond d'un noir bourbier.
Et pendant tous ces jeux, images de la guerre,
Loin du regard d'un père ou d'un époux,
Sous le feuillage épais, un amant téméraire
De son bonheur surprend l'aveu bien doux!
La trompe sonne,
L'écho résonne,
Déjà l'on donne
L'heureux signal!
Car voici l'heure
Où le cerf pleure,
Il faut qu'il meure;
Instant fatal!
C'est la curée
Qu'on t'a livrée,
Meute altérée
D'un sang fumeux!
Puis, la victoire
Les chants de gloire
Telle est l'histoire
D'un jour fameux!

CHOEUR.

Ah! le beau jour, la belle chasse!
Vive l'équipage du roi!
Et ses limiers de noble race,
Des bois la terreur et l'effroi!
Et les coursiers hennissant sous l'écume,
Et les accords
De nos piqueurs poursuivant dans la brume
Le cerf dix cors.

SCÈNE III.

Les Mêmes, HECTOR.

ROHAN.

Maintenant, messieurs, à table!

TOUS.

A table! (*Ils vont se placer à une table à gauche, où une collation est servie.*)

HECTOR, *entrant.*

Comment! à table sans moi?...

TOUS.

Hector de Biron!

OLIVIER.

Ah çà, d'où vient donc notre camarade Hector de Biron?

TOUS.

Oui... d'où vient-il donc?

HECTOR.

D'où vous devriez venir vous-mêmes... Fi! messieurs, les demoiselles d'honneur de la reine n'avaient que des pages pour les aider à descendre de leur haquenées, au retour de la chasse, j'ai servi de chevalier à plus de dix jolies filles, à moi tout seul.

ROHAN.

Il a raison! honneur au plus galant des mousquetaires de la reine!...

HECTOR.

Ah! messieurs, vous me flattez... le fait est qu'au milieu du tourbillon de plaisirs où nous vivons, il est permis de perdre un peu la tête!

OLIVIER.

Je le crois bien... depuis que son éminence le cardinal de Richelieu a conduit leurs majestés à Poitiers, en attendant le siége de la Rochelle, tous les jours parties de chasse, revues, tournois, carrousels...

GONTAUD.

Et le soir, danser des passe-pieds et des sarabandes avec les filles d'honneur de la reine... c'est à en mourir de joie... et de fatigue!

HECTOR.

Parle pour toi, mon gros Gontaud!... quant à moi, je ne connais rien de plus charmant que notre existence en ces lieux... Des fêtes continuelles, des femmes adorables... le plaisir aujourd'hui, la gloire demain... tout le monde y trouve son compte... excepté les jaloux et les maris... n'est-ce pas, Olivier?

OLIVIER, *souriant.*

Oh! moi, je ne suis pas très-redoutable pour eux..

HECTOR.

C'est juste! j'oubliais... le sire Olivier d'Entragues, un saint mousquetaire, un modèle de raison et de sagesse... tantôt gai, souvent triste, mais toujours bon, généreux et brave...

TOUS.

C'est vrai!

HECTOR.

Ce qui fait que malgré nos mérites si différents, je n'ai pas de meilleur ami... et je me ferais tuer pour lui, s'il le fallait...

OLLIVIER.

A charge de revanche!

CRÉQUI, *à Hector.*

Ce qui ne t'empêcherait pas de lui enlever sa maîtresse, s'il en avait une!

HECTOR.

Moi, messieurs... jamais! je suis mauvais sujet dans l'âme ou dans le sang, comme vous voudrez... mais trahir un ami... lui enlever celle qu'il aimerait... ce serait un crime dont je suis incapable, et que je me reprocherais toute ma vie!

ROHAN, *riant.*

Messieurs! voilà une morale digne du révérend père Joseph, l'âme damnée de son éminence... je demande qu'on canonise notre camarade, Hector de Biron.

HECTOR, *se levant.*

Si monsieur de Rohan veut monter au ciel avant moi, un bon coup d'épée pourrait lui en ouvrir les portes... (*Mettant la main sur sa garde.*) Et je suis prêt...

ROHAN, *de même.*

Volontiers!...

OLIVIER, *les retenant.*

Ah ça, y songez-vous, entre camarades, et à cause de moi... on vous prendrait pour des raffinés d'honneur... comme mon digne mentor, le capitaine Roland.

ROHAN.

Il a raison... c'est commun! c'est arriéré... cela sent la Ligue d'une lieue!

OLIVIER.

N'importe, messieurs... c'est un beau type que mon vieil ami, le capitaine Roland... un ancien brave, du temps du roi Henri... tout habillé de cuir et de fer... un respectable portrait de famille descendu de son cadre... bretteur dans l'âme... il ferait battre des frères ou des amis de vingt ans...

HECTOR.

A qui le dis-tu?... ce n'est pas sa faute, si nous n'avons pas encore croisé le fer ensemble!

GONTAUD.

Il t'en veut donc?

HECTOR.

A la mort! le musc et l'ambre de mes dentelles lui portent à la tête!

OLIVIER.

C'est donc pour cela qu'il te cherche querelle à tout propos?

HECTOR.

Justement!... mais ma politesse et mon urbanité déjouent toutes ses intentions hostiles.... et je ne connais rien de plus drôle que la figure du vieux raffiné, quand je réponds à ses sarcasmes par des éloges et des compliments.

OLIVIER.

Ne t'y fie pas... on dit qu'il a certaine botte secrète...

HECTOR.

Qui ne manque jamais son homme... aussi, je me la réserve, quand je serai las de la vie... Mais silence! le voici! avec sa formidable rapière... tellement inséparable de sa personne, qu'on ne sait vraiment pas laquelle des deux est suspendue à l'autre!

SCÈNE IV.

LES MÊMES, LE CAPITAINE ROLAND.

TOUS, *se levant et portant une santé.*

Au capitaine Roland!

ROLAND.

Merci, messieurs, bonjour!... (*A Olivier.*) Bonjour, mon jeune ami!

HECTOR, *allant à lui et lui faisant un grand salut.*

Je présente mes civilités à monsieur le capitaine Roland de la Bretonnière!

ROLAND, *sévèrement.*

Prenez garde, monsieur de Biron!... l'excès de votre courtoisie a manqué briser la plume de votre feutre!

HECTOR.

Je serais loin de regretter une semblable bagatelle pour assurer de toute ma considération l'un des plus illustres braves de l'armée!

ROHAN.

L'ancien soutien de la ligue!

GONTAUD.

Le modèle des raffinés d'honneur!

ROLAND.

Raffiné, messieurs!... c'était le beau temps que celui des raffinés... des duels tous les jours!...

HECTOR.

Comment donc! mais c'était fort séduisant!

ROLAND, *avec feu.*

C'était magnifique!... un duel est une guerre à deux, où les ennemis se voient de près, face à face... fer contre fer, du sang pour du sang... on ne risque pas là d'être tué honteusement par une balle de hasard ou un coup d'arquebuse de quelque ribaud de soldat... on se mesure, on s'attaque, et l'on meurt convenablement, dans les règles, en gens qui savent vivre!

HECTOR, *gaîment.*

Le capitaine a raison, messieurs. Le siècle se gâte... tout dégénère... nous vivons en bourgeois de Paris... Le corps redoutable des mousquetaires devient tous les jours moins querelleur!

OLIVIER, *riant.*

A preuve que sans moi, tout à l'heure, et pour un mot, vous alliez vous couper la gorge avec Rohan!

ROLAND, *vivement.*

Vraiment! mais si l'affaire n'était pas arrangée... on pourrait...

HECTOR.

Merci, capitaine!... la paix est faite... et ce soir nous trinquerons ensemble, monsieur de Rohan et moi, au banquet de la reine.

OLIVIER.

A ce propos, messieurs, je vous annonce une bonne nouvelle... Sa majesté la reine a décidé que ce soir même, avant le bal, chacune de ses demoiselles d'honneur ferait choix d'un chevalier pour le tournoi royal et tout le temps des fêtes qui vont le suivre!

HECTOR.

Ah! messieurs.. le joli bataillon que celui des demoiselles d'honneur de la reine!

CRÉQUI.

Catherine de Pons!

NARBONNE.

Louise de Sabran!

HECTOR.

Mademoiselle de Solange! la nièce de son éminence!

GONTAUD.

La duchesse de Chaulnes!

CRÉQUI, *avec ironie.*

Allons donc... Quarante-cinq printemps!...

HECTOR, *riant.*

Sans compter les hivers!

OLIVIER, *de même.*

Si ces hivers sont des printemps!

HECTOR.

Et Berthe de Simiane, messieurs!... si vive, si piquante, si décidée!

ROHAN.

N'importe! la plus belle est mademoiselle de Mirepoix!

CRÉQUI, *avec ironie.*

Une beauté de marbre, une statue du parc de Saint-Germain!

ROHAN.

Vous insultez celle que j'aime!

ROLAND, *vivement.*

C'est vrai... il y a insulte!

OLIVIER, *à Roland.*

Mais vous voulez donc les faire tuer!

ROLAND.

J'ai donné vingt coups d'épée. et je me porte à merveille!

OLIVIER.

Mais ceux qui les ont reçus?

ROLAND, *avec chaleur.*

Ils avaient tort... de les recevoir!

NARBONNE.

La plus belle, je le soutiens, est Louise de Sabran.

HECTOR.

Non, messieurs... la plus belle est celle que j'aime... je ne la nomme pas, mais je me bats pour elle!

ROLAND.

Bravo! voilà de dignes mousquetaires!

TOUS, *mettant l'épée à la main.*

En garde! en garde!

MORCEAU D'ENSEMBLE.

TOUS, *excepté Olivier.*

Ma belle est la plus belle,
Qui le nie a menti!
Mon amour est pour elle,
Et mon épée aussi!

HECTOR.

A moi, ma bonne lame!
Allons, convenez tous
Que rien ne vaut ma dame,
Ou sinon, battons-nous!

SCÈNE V.

LES MÊMES, BERTHE DE SIMIANE, *sortant du pavillon.*

OLIVIER, *voyant la jeune fille.*

Berthe de Simiane!...

HECTOR, *galamment et allant à elle.*

.... Hélas! bien à tort,
On se battait pour la plus belle!
Vous paraissez, mademoiselle,
Sur les plus doux attraits nous sommes tous d'accord!...

BERTHE.

Allons, messieurs, point de querelle!
Il est un moyen bien plus doux
De prouver à tous les jaloux
Que votre belle est la plus belle...
C'est de rester toujours fidèle!
De ce projet que dites-vous?
Messieurs. messieurs, l'approuvez-vous?

TOUS.

De votre avis nous sommes tous!

BERTHE.

CAVATINE.

Ah! messieurs,
Mon conseil est sage,
Suivez-le toujours,
C'est un doux présage
De tendres amours!
Pour moi quelle gloire,
Chevaliers courtois,
Si vous daignez croire
A ma faible voix!
Et si la constance
De nos anciens temps
Peut renaître en France
Au cœur des amants!

HECTOR.

Comme vous prêchez bien!

TOUS, *excepté Olivier.*

On n'est pas plus jolie,
C'est pour vous que chacun voudrait donner sa vie.

BERTHE, *riant.*

Eh quoi! messieurs, si promptement
Vous oubliez mes avis, et pourtant...

REPRISE DE LA CAVATINE.

Mon conseil est sage,
Suivez-le toujours,
C'est un doux présage

De tendres amours !
Pour moi quelle gloire.
Chevaliers courtois,
Si vous daignez croire
A ma faible voix !
Et si la constance
De nos anciens temps
Peut renaître en France
Au cœur des amants !

ENSEMBLE.

CHOEUR.

La douce constance
De nos anciens temps
Va renaître en France
Au cœur des amants !

BERTHE.

Allons, messieurs, plus de guerre entre vous... D'abord, c'est fort mal... et puis nous n'avons déjà pas trop de danseurs... et les demoiselles d'honneur en consomment beaucoup...

HECTOR.

J'ai bien peur que la querelle recommence pour être le vôtre!

BERTHE.

Non, monsieur... tous vos camarades ne sont pas comme vous, qui avez la réputation d'être très-querelleur, fort léger, fort indiscret... et ce qu'il y a de pire, amoureux de toutes les femmes !

HECTOR.

Jusqu'à ce qu'une seule me permette de l'être d'elle...

BERTHE, *avec malice.*

Est-ce qu'on a besoin de permission pour cela!... mais vous êtes trop volage... voyez votre ami Olivier... voilà un mousquetaire modèle... et qui serait constant, j'en suis sûre, s'il devenait jamais amoureux !

HECTOR.

Lui ! il n'aime personne, j'en réponds.

OLIVIER, *souriant.*

N'en jure pas !

BERTHE.

En revanche, vous aimez pour tout le monde, vous, à ce qu'on prétend... mais je vous préviens qu'il y a une ligue entre toutes les demoiselles d'honneur, et qu'à moins de dix ans de constance bien prouvés, bien établis... au reste, nous sommes à la tête de la conspiration, Athénaïs de Solange, mon amie intime, et moi!

OLIVIER.

Ah ! mademoiselle de Solange en est aussi !

BERTHE.

Je le crois bien... c'est la plus sévère, la plus rigide de nous toutes !

HECTOR.

Prenez garde, mademoiselle... nous avons peut-être déjà des alliés dans votre camp !

BERTHE.

Non, monsieur, vous n'en avez pas, et vous en aurez, vous, moins que personne... à moins...

HECTOR, *riant.*

De dix ans de constance, n'est-ce pas ?

BERTHE, *de même.*

Oh ! quant à ça, si on était bien sûre... on en rabattrait peut-être quelque chose !... (*On entend battre aux champs.*)

OLIVIER.

Messieurs, on bat aux champs !... voilà la sortie de la reine... Aux armes !

TOUS.

Aux armes !

ROLAND, *répétant.*

Aux armes, messieurs... ou gare les arrêts ! (*Ils sortent tous vivement, après avoir salué mademoiselle de Simiane.*)

SCÈNE VI.

BERTHE, *puis* ATHÉNAÏS, *sortant du pavillon.*

BERTHE.

Quel malheur que monsieur de Biron soit un si mauvais sujet ! Je ne sais pas comment cela se fait, mais ce sont toujours ceux-là qu'on trouve les plus aimables... Voici ma sévère amie, ma bonne Athénaïs.

ATHÉNAÏS, *avec émotion.*

C'est toi, ma chère Berthe, je te cherchais !

BERTHE.

Ah ! mon Dieu ! quel air inquiet et agité !

ATHÉNAÏS, *en confidence.*

Dis-moi, n'as-tu pas entendu parler hier, au coucher de la reine, d'un illustre époux qu'on me destinait ?...

BERTHE.

Le prince Amédée de Lorraine !

ATHÉNAÏS.

Et crois-tu que ce bruit se soit répandu à la cour, que messieurs les officiers de service en aient déjà connaissance ?

BERTHE.

Eh ! que t'importe ?

ATHÉNAÏS.

Hélas ! ma chère amie, c'est qu'il y a une personne dont je crains le désespoir à cette nouvelle !

BERTHE, *riant.*

Le désespoir d'un mousquetaire ou d'un gendarme du roi!... Est-ce que par hasard tu aimerais un de ces mauvais sujets-là?...

ATHÉNAÏS.

Celui que j'aime est digne de toute mon affection... et tu vas tout savoir. Un jour... c'était la veille de la prise d'habit de notre bien-aimée compagne, mademoiselle de Rochemaure... assises toutes deux là, sous ce bosquet... elle me vantait le bonheur d'avoir Dieu pour époux... Mon cœur se troubla, je lui parlai d'un amour qui pouvait réaliser le rêve le plus doux... et pressée par sa tendre amitié de lui en apprendre l'objet caché, je prononçai d'une voix faible et tremblante, le nom de monsieur d'Entragues !...

BERTHE.

Olivier d'Entragues !... voyez-vous le dissimulé...

ATHÉNAÏS.

Hélas ! ma chère amie, monsieur d'Entragues avait tout entendu !

BERTHE.

Comment ?

ATHÉNAÏS.

Caché derrière cette charmille, il eut l'indiscrétion de nous écouter !

BERTHE.

Quelle perfidie !

ATHÉNAÏS.

Le soir même, il m'avoua sa faute dans une lettre si tendre, si respectueuse !... et admire cette sympathie, lui aussi m'aimait depuis longtemps... Mais la distance qui nous sépare, l'avait forcé au silence... maintenant que le hasard lui révélait son bonheur, il me conjurait de lui permettre de m'adorer comme sa providence, comme son bon ange...

BERTHE, *gaîment.*

Et son bon ange se laissa toucher par cette ardente prière!...

ATHÉNAÏS.

Il espérait tout du temps, me disait-il... puis il me traçait un plan de conduite... ne pas nous parler, ne jamais nous regarder... éviter même toutes les occasions de nous trouver ensemble... et, le croirais-tu, je ne connais pas même le son de sa voix...

BERTHE.

C'est héroïque !... et si quelque lettre tombait entre les mains de ton oncle le cardinal ?

ATHÉNAÏS.

Oh ! je serais perdue, je le sais ! mais les lettres de monsieur d'Entragues n'étaient pas signées ! et quant à moi, je ne lui ai jamais écrit que deux mots dans ma vie... patience ! espoir !

BERTHE, *riant.*

Mais voilà des mots qui en disent plus long que bien des pages!... De l'espoir donc ma bonne Athénaïs... et pour peu que vous ayez la patience d'attendre que son éminence soit passée de vie à trépas, vous serez heureux un jour... Quoiqu'il arrive, compte sur moi, sur mon amitié, sur mon dévouement !

ATHÉNAÏS.

Oui, ma chère Berthe... j'en aurai bientôt besoin, peut-être !

BERTHE.

Et moi, de mon côté, si mon cœur comme le tien... (*Gaîment.*) Mais en tous cas, je me méfierai des charmilles... je te quitte... il faut que je coure à ma toilette... car ici, dans un instant, nous allons choisir nos chevaliers... et, c'est le cas ou jamais d'être sous les armes ! adieu !... Adieu !... (*Elle sort.*)

SCENE VII.

ATHÉNAIS, seule.

AIR.

RÉCITATIF.

Me voilà seule enfin !
Désignant un vase de fleurs.
Du confident discret,
Dans le sein duquel il dépose
De notre amour le doux secret,
Je veux approcher, et je n'ose.

CANTABILE.

Bocage épais, légers zéphirs,
Vous, les témoins de ma tendresse,
Cachez le trouble qui m'oppresse,
Ne révélez pas mes soupirs !
D'un amour né dans le mystère
Gardez pour vous seuls la douceur !
Jusqu'au jour où Dieu, sur la terre,
Lui réserve enfin le bonheur.

(*Allant vers un vase de fleurs, y prenant une lettre. Lisant avec émotion.*)

« Mademoiselle, je suis au désespoir... on annonce votre prochain mariage avec le prince de Lorraine... il faut que je vous voie, que je vous parle... ne me refusez pas un moment d'entretien. » O ciel.—Si vous daignez y consentir, laissez tomber votre éventail à vos pieds, lorsque vous passerez pour vous rendre chez la reine... ce sera le signal que vous daignerez m'entendre ce soir à onze heures, pendant le bal de la cour, dans le pavillon des filles d'honneur!...» — *O mon Dieu ! que me demande-t-il ?* — «Surtout n'ayez pas de lumière qui vous trahirait à la surveillance de la grande maîtresse... fiez-vous à mon amour, à mon honneur... mais si vous me refusez, demain j'aurai cessé de vivre ! »

REPRISE DE L'AIR.

Fatal désir, que dois-je faire ?
D'y consentir, je le sens, j'aurais tort!
Mais refuser, repousser sa prière,
Il l'a dit, ô ciel! c'est sa mort!
O mon bon ange, et vous, ma mère,
Du haut des cieux veillez sur moi!
Je mets en son honneur mon repos et ma foi.

CABALETTA.

Ah ! puis-je encore
Quand il m'adore
Trembler ici !
J'ai sa tendresse,
J'ai sa promesse,
Je crois en lui !
De son amie
A lui la vie;
A lui le cœur !
Je lui confie
Tout mon bonheur !
Ce soir ici, le signal en ces lieux !
(*Se rappelant.*)
Puis j'entendrai sa voix, j'écouterai ses vœux !
Ah ! puis-je encore
Quand il m'adore, etc.

On vient... c'est lui...

SCENE VIII.

OLIVIER, LE CAPITAINE ROLAND.

OLIVIER, *apercevant Athénaïs.*

Qu'ai-je vu ! (*Il lui fait un salut respectueux, Athénaïs le lui rend avec émotion, puis s'enfuit vivement.*)

ROLAND, *entrant et examinant Olivier.*

Eh bien, mon jeune ami, qu'est-ce qu'il t'arrive? te voilà tout pâle !

OLIVIER.

Ce n'est rien, je vous jure !

ROLAND.

Par la mordieu ! serait-ce l'effet de l'engagement que tu viens de prendre?

OLIVIER.

Non, capitaine, non... quoique cet engagement soit une chose déplorable, et que sans vous, peut-être, sans votre manie de faire battre les gens, je pouvais facilement éviter !

ROLAND.

Mille arquebuses! voilà un reproche qui m'est sensible !... Ecoute-moi, mon petit ! j'ai promis à ta noble mère de veiller sur toi en toute occasion... mais sur ton honneur avant tout !

OLIVIER.

Eh ! quel honneur y a-t-il, s'il vous plaît, à ferrailler avec un sot, comme ce Guébriac... un officier des gardes du cardinal... fanfaron gueux et menteur, qui n'a pas voulu me céder le pas pour entrer chez la reine, où mon service m'appelait... Eh ! que m'importait au fond, qu'il entrât le premier ou non?... vous l'arrêtez à la porte... vous lui certifiez qu'il m'insulte... et de là une provocation, un duel convenu devant témoins... des gages de combat échangés par vous, entre lui et moi... ma croix de Jérusalem, à laquelle je tenais très-fort, contre son nœud d'épée, dont je me soucie fort peu !

ROLAND.

Sang et mort ! disputer le pas à l'héritier d'un des plus beaux noms de France! au fils de l'illustre comte d'Entragues! l'ami du grand roi Henri, et le mien !... à toi, que j'aime comme j'ai aimé ton père... mais tu ne le crois pas, ingrat!... et quand je veux que tu te poses en brave à la cour, que tu donnes ou reçoives un bon coup d'épée... tu doutes de ma tendresse pour toi !

OLIVIER.

Allons, mon brave capitaine, on se battra, puisque vous le jugez nécessaire... mais j'aurais mieux aimé un autre adversaire... un grand seigneur... un prince... le prince de Lorraine, par exemple !

ROLAND.

Un prince royal ! comme tu y vas !

OLIVIER.

Oh ! celui-là surtout, qui va me rendre le plus infortuné des hommes !

ROLAND.

Toi, et comment?

OLIVIER.

C'est mon secret !... mais après tout, je ne puis en avoir pour vous... une nouvelle que je viens d'apprendre... Il revient, dit-on, de Flandres, pour épouser une personne que j'adore... mademoiselle Athénaïs de Solange !

ROLAND.

Malheureux ! la nièce du cardinal ! mais il y va de ta tête !

OLIVIER.

Eh ! qu'importe ! serait-ce trop payer de la vie un regard, un mot de sa bouche !

ROLAND.

Elle ne t'aime donc pas?

OLIVIER.

Elle !... y songez-vous ! Dieu m'est témoin que je n'en ai jamais eu la pensée, ni l'espoir !

ROLAND.

Mais au moins, connaît-elle ton amour ?

OLIVIER.

Non ! sur mon honneur, sur la vie de ma mère !... et pourquoi le lui aurais-je laissé voir !... moi, pauvre gentilhomme qui n'ai rien à lui offrir... Oh ! je sais ce que vous allez me dire... Mon oncle, le duc de Monbaret... mais est-il sûr qu'il me laisse sa fortune et son titre ?... n'a-t-il pas d'autres neveux?...

ROLAND.

C'est vrai !

OLIVIER.

Et puis, d'ici là, ne sera-t-elle pas mariée?

ROLAND.

C'est encore vrai ! mon pauvre Olivier, mon enfant... ton chagrin est le premier de ma vie !

OLIVIER.

Silence ! voici Hector ! pas un mot sur mon secret... car il n'y a que Dieu et vous qui le sachiez au monde !

SCENE IX.

LES MÊMES, HECTOR.

HECTOR, *entrant.*

C'est une indignité !... il n'y a que moi pour ces événements-là !

OLIVIER.

Que t'arrive-t-il?

HECTOR.

La chose la plus désagréable du monde !

ROLAND, *avec ironie.*

Le tailleur de monsieur de Biron qui lui aura manqué son pourpoint nouveau, ou ses dentelles déchirées peut-être en embrassant quelque piquante soubrette...

HECTOR, *de même.*

Voilà de ces malheurs que vous n'éprouverez jamais, mon brave capitaine !

ROLAND, *du même ton.*

Et pourquoi cela, mon bel officier ?

HECTOR.

C'est que vos dentelles sont des lames de fer, et que depuis longtemps on a oublié de prendre votre mesure !

ROLAND.

Malpeste ! monsieur ! prétendriez-vous tourner ma mise en ridicule !

HECTOR.

Moi, capitaine ! quand vous avez le plus habile tailleur de la cour.

ROLAND, *s'emportant.*

Par la mordieu ! cette ironie...

HECTOR, *avec sang-froid.*

Oui, monsieur, le plus habile... car il n'y a que votre pourpoint d'assez solide au monde pour résister, depuis dix ans, à toutes les balles qu'il a reçues des Anglais et des Espagnols !

ROLAND, *à part.*

Impossible de se fâcher avec cet homme-là !

OLIVIER, *à Hector.*

Mais enfin, d'où vient ton humeur ?...

HECTOR.

Une ronde d'armes à faire ce soir, à minuit, au moment où j'aurai peut-être un entretien, un rendez-vous !...

ROLAND, *vivement.*

D'honneur ?

HECTOR.

Non, morbleu ! d'amour, ce qui vaut mieux... (*A Olivier.*) Et tu me vois désespéré de ce contre temps !

OLIVIER.

Si n'est que ça, je puis prendre ton tour de garde ce soir !

HECTOR.

Toi ?

OLIVIER.

Tu me rendras ça un autre jour... De qui prends-tu les armes ?

HECTOR.

De Créqui, que je remplace !

OLIVIER.

A ce soir donc !... ici, devant le palais... Je vais dire à Créqui notre convention !

HECTOR, *lui donnant la main.*

Merci, mon ami, merci !

ROLAND.

Oh ! la discipline ! la discipline !... sous le grand roi Henri, on aurait été mis au ban de l'armée pour une pareille conduite... mais en ce temps-là les généraux faisaient la guerre, et les cardinaux la procession ! (*Il sort ainsi qu'Olivier.*)

SCÈNE X.

HECTOR, *seul.*

Ce cher Olivier ! s'il savait quel service il me rend... ce qui m'arrive est si étrange, si original et si charmant à la fois... une aventure à illustrer un homme, dans tous les boudoirs de Paris... Un soir à la sortie d'un joyeux repas de corps, je traversais les bosquets du parc de la reine... une voix de jeune fille frappe mon oreille... je m'arrête, j'écoute, et j'entends une confidence adorable... la plus jolie de nos demoiselles d'honneur qui révélait à l'une de ses compagnes le secret caché de son cœur... d'un cœur tout naïf, tout candide... on adorait un de nos camarades, avec mystère, à son insu... sans que l'heureux mortel s'en doutât... par malheur son nom fut prononcé d'une voix si faible et si tremblante, qu'il ne put parvenir jusqu'à moi... N'importe ! une idée folle, bizarre, me traverse l'esprit... je m'empare du personnage de l'amant aimé, et j'écris à sa place une lettre brûlante, en assurant mademoiselle de Solange, que celui qu'elle aime a entendu, découvert son bonheur... et je fais adorer à mon profit, cet amant anonyme et trop fortuné... mais aujourd'hui je rentre dans mon rôle... et si mon épître de ce matin...(*Courant au vase.*) Elle est prise ! Quel bonheur ! une lettre si passionnée... Mais ce rendez-vous... me donnera-t-elle le signal ! sa jolie main laissera-t-elle échapper son éventail, gage mystérieux de mon bonheur... Oh ! je l'aime comme je n'ai jamais aimé... (*Riant.*) A ce que je crois, du moins... mais la voici avec ses compagnes !...

SCÈNE XI.

HECTOR, *à l'écart*, ATHÉNAÏS, BERTHE, *et les* DEMOISELLES D'HONNEUR, *sortant du pavillon ; elles portent chacune à la main une écharpe de soie de différentes couleurs.*

MORCEAU D'ENSEMBLE.

BERTHE.

Parmi les guerriers
Et les chevaliers
Du brillant tournoi,
Pour suivre la loi,
Nous allons choisir
Au nom du plaisir,
Celui qui devra nous aimer, nous servir !
Tout dépend souvent
D'un coup d'œil savant,
Ou bien de deux mots
Qu'on lance à propos ;
Sachons avec art,
Et comme au hasard,
Surprendre un sourire, un soupir, un regard.

CHOEUR.

Parmi les guerriers, etc.

BERTHE, *regardant autour d'elle.*

J'aperçois l'ennemi... songez, mesdemoiselles,
Qu'il s'agit d'un combat contre les infidèles.

ATHÉNAÏS, *à part.*

Il va venir... je sens mon cœur
Battre de crainte et de bonheur.

BERTHE.

Parmi les guerriers
Et les chevaliers, etc.

SCÈNE XII.

LES MÊMES, OLIVIER, ROHAN, GONTAUD, NARBONNE, CREQUI, *et autres officiers et mousquetaires.*

TOUS, *aux jeunes filles.*

En preux chevaliers, nobles dames,
Nous venons tous à vos genoux,
Vous offrir nos vœux et nos âmes,
Et mourir ou vivre pour vous !

BERTHE, *aux jeunes gens.*

Ainsi, de la chevalerie
Vous acceptez les nobles lois ?

LES JEUNES GENS.

Sur notre honneur, sur notre vie !

BERTHE.

Écoutez-les donc par nos voix :
Pendant huit jours, ainsi le veut la reine,
Le chevalier que nous allons choisir,
Doit obéir sans contrainte et sans peine
A tous nos vœux, même au moindre désir !

LES JEUNES GENS.

Commandez, ordonnez, nous jurons d'obéir !

NOCTURNE.

BERTHE.

Pour une seule belle
Il gardera ses vœux,

ATHÉNAÏS.

Et n'aura que pour elle
Et des soins et des yeux.

BERTHE.

Huit grands jours de constance,
C'est peut-être bien long !

ATHÉNAÏS.

Nous repoussons d'avance
Tout chevalier félon.

BERTHE.

Voyez, jugez vous-même
Si ces nœuds sont trop lourds,

OLIVIER, *avec galanterie.*

Peut-on, quand on vous aime,
Ne pas aimer toujours!

HECTOR, *de même.*

Peut-on, quand on vous aime
A part. Ne pas aimer huit jours!
Ah! la douce chaîne,
Moi, je veux sans peine
N'avoir qu'une reine
Et qu'un seul amour.
Oui, tout à ma belle,
Je n'aimerai qu'elle,
Et serai fidèle
Jusqu'à mon dernier jour!

ENSEMBLE.

LES JEUNES GENS.

Ah! la douce chaîne,
Moi je veux sans peine
N'avoir qu'une reine
Et qu'un seul amour!
Oui, tout à ma belle,
Je n'aimerai qu'elle,
Et serai fidèle
Jusqu'à mon dernier jour!

ATHÉNAÏS, BERTHE, JEUNES FILLES.

Ils veulent sans peine
N'avoir qu'une reine;
L'amour qui m'enchaîne
Est mon seul amour!
Oui, tout à sa belle,
Il n'aimera qu'elle,
Et sera fidèle
Jusqu'au dernier jour!

Les jeunes gens se placent sur une seule ligne, Hector d'abord, Olivier ensuite. Les jeunes filles en font autant, Berthe en avant, Athénaïs près d'elle.

BERTHE, *son écharpe à la main.*

Que cette écharpe soit le gage
D'un tendre et fidèle servage.

Elle s'avance vers Hector, qui n'a cessé de regarder Athénaïs, et lui présente une écharpe.

HECTOR, *la prenant avec distraction.*

A moi tant de gloire et d'honneur!

Athénaïs s'avance à son tour, elle hésite un instant, puis elle passe devant Olivier, laisse tomber son éventail à ses pieds, et présente son écharpe à Créqui. Olivier relève l'éventail de Mlle *de Solange, le lui rend avec respect, tandis qu'Hector retient à peine un cri de joie.*

HECTOR, *à part.*

Voilà le signal du bonheur!

OLIVIER, *se retirant à l'écart.*

Pas un regard pour moi! quelle douleur!

Pendant ce temps, les autres demoiselles imitent leurs compagnes.

HECTOR, *gaîment.*

Que la brillante fête
Qui dans ces lieux s'apprête,
Soit pour nous en ce jour
Une fête complète
De bonheur et d'amour!

ENSEMBLE GÉNÉRAL.

Que la brillante fête
Qui dans ces lieux, etc.

Ils sortent tous, en donnant la main aux dames qui les ont choisis pour chevalier. Olivier reste seul.

SCENE XIII.

OLIVIER, *seul.*

Pas un regard, pas un signe d'attention pour moi... Eh! saitelle même si j'existe... elle, pour qui je donnerais ma vie!.. un instant, j'ai cru qu'elle allait me choisir... J'ai cru que cette écharpe brodée de sa main allait devenir mon bien, mon trésor. Vain espoir! Un autre l'a reçue! j'ai pâli, je me suis éloigné... la douleur m'étouffait, j'ai craint de me trahir! pourquoi suis-je venu dans ces lieux! Ah! ma mère!... que n'ai-je le courage de retourner près de vous! (*Regardant à droite.*) Voici Créqui et la ronde que je dois commander... Allons faire le service d'Hector, pendant qu'il est heureux... il n'aime pas comme moi, lui!... Il ne sait pas ce que c'est que d'aimer! (*La nuit est presque close.*)

SCENE XIV.

OLIVIER, CRÉQUI, *commandant une ronde.*

FINAL.

CHOEUR.

Marchons avec prudence!
Observons tout sans bruit,
Montrons la vigilance
De la ronde de nuit!
Mais sachons sagement
Distinguer un galant,
D'un voleur qui s'enfuit
Devant la ronde de nuit!
De la prudence
Et point de bruit,
C'est la ronde de nuit!

CRÉQUI.

Qui vive!

OLIVIER.

Eh! comme toi
Mousquetaire du roi!
C'est moi qui viens prendre ta place.
Au lieu d'Hector... ·

CRÉQUI.

Je te rends grâce!
L'amour m'attend... loin de ces lieux.

OLIVIER, *à part.*

Le plaisir et l'amour vont combler tous leurs vœux,
Moi seul, hélas, suis malheureux!

Il se met à la tête de la patrouille après avoir reçu le mot d'ordre de Créqui, qui s'en va, et sort sur la reprise du chœur.

CHOEUR.

Marchons avec prudence!
Observons tout sans bruit;
Montrons la vigilance, etc.

SCENE XV.

HECTOR, *seul.*

(*Au moment où la patrouille s'éloigne d'un côté, Hector enveloppé d'un grand manteau, paraît de l'autre.*)

CAVATINE.

Le bal commence,
La nuit s'avance,
Espoir bien doux!
Nuit tutélaire,
Viens me soustraire
Aux yeux jaloux!
Pour moi sois bien sombre,
Et dure toujours,
Car avec ton ombre
Fuiront mes amours!
L'instant s'approche, et dès que la lumière
Dans ce pavillon s'éteindra,
(*Il indique le pavillon à droite au fond du théâtre.*)
Je puis y pénétrer... un amoureux mystère
Va m'entourer, et me protégera...
Puis je le sens à mon ardente flamme,
Ah! je saurai toucher son âme!
Cet amour qu'un autre a semé,
Je vais le recueillir, oui, je vais être aimé!
Le bal commence,
La nuit s'avance,
Espoir bien doux!
Nuit tutélaire,
Viens me soustraire
Aux yeux jaloux!
Pour moi sois bien sombre,

Et dure toujours,
Car avec ton ombre,
Fuiront mes amours.

On vient, c'est Olivier et sa ronde... (*Regardant le pavillon de droite.*) Et toujours de la lumière !

SCÈNE XVI.

HECTOR, *caché derrière un arbre*, OLIVIER, *la ronde.*

OLIVIER, *revenant.*

Malgré moi je reviens sans cesse vers ce pavillon ! et pourtant elle va rêver d'un autre, peut-être... Enfin, au moins, cette nuit, les demoiselles d'honneur de la reine seront bien gardées. (*En ce moment, la lampe s'éteint, Hector se glisse dans le pavillon, Olivier et le chœur sortent en reprenant la ronde.*)

REPRISE.

De la prudence
Et point de bruit,
C'est la ronde de nuit!

(*On entend sonner onze heures à l'horloge du château.*)

ACTE II.

Le théâtre représente la salle des gardes du palais, donnant sur une vaste galerie communiquant avec les salons d'honneur, mais cachés par de vastes portières. A droite de l'acteur, les appartements de la reine.

SCÈNE PREMIÈRE.

HECTOR, *seul. Au lever du rideau, enveloppé dans son manteau, et endormi dans un fauteuil. Il rêve.*

Holà ! qui vive? de par le roi !... (*S'éveillant.*) Je rêvais, ma foi, je me suis endormi là, en plein jour, dans la salle des gardes, où je suis de piquet depuis ce matin... Aussi, quelle aventure déplorable, et quelle nuit j'ai passée... A peine entré dans le pavillon, tout tremblant d'espoir et d'émotion, je cherche au milieu des ténèbres ma mystérieuse divinité... Personne ! enfin après la plus pénible attente, et comme minuit sonnait, j'entends des pas légers, le frôlement d'une robe... mon cœur bat à briser ma poitrine... je m'élance et je tombe aux genoux de Mlle de Solanges... je prodigue à voix basse les tendres expressions, les serments d'amour... J'allais enfin connaître celui dont j'usurpais le doux emploi... je n'attendais que ce moment pour me nommer et implorer mon pardon... Lorsque encouragé par l'ombre qui nous environne, je saisis une main charmante... qu'on me retire ; je veux presser une taille divine qui se dérobe sous mes doigts... on se lève, on me repousse avec indignation, on s'enfuit avec terreur !... et je reste seul, dans l'obscurité, toute la nuit sur un fauteuil... et quel fauteuil... Le roi devrait bien changer son tapissier... Enfin le jour parut, la porte se rouvrit, et je pus m'échapper... Eh bien ! je ne sais d'où cela vient... mais soit dépit, soit remords... il me semble que je suis moins amoureux que je ne le croyais... voilà le cœur des hommes en général, et celui des mousquetaires en particulier ! C'est Olivier !... voilà un sage qui n'a pas d'aventures, et ne passe pas de nuit blanche !...

SCÈNE II.

HECTOR, OLIVIER, *entrant par le fond.*

OLIVIER, *à Hector.*

Enfin, on te revoit, heureux amant ! il paraît que le tendre entretien s'est prolongé fort tard, car on assure que tu n'as pas reparu à l'hôtel de toute la nuit !

HECTOR.

Oui, oui, mon ami... le bonheur est bavard... tu sais... et puis, un premier rendez-vous... une nuit charmante... (*A part, se frottant les reins.*) dont je me souviendrai longtemps.

OLIVIER.

La nuit n'a pas été aussi agréable pour tout le monde...

HECTOR, *gaîment.*

J'ai peine à le croire!... qu'est-il donc arrivé?

OLIVIER.

Guébriac, ce Gascon, avec qui j'avais une affaire d'honneur convenue... on l'a trouvé hier, à minuit, sur le cours la Reine, frappé d'un coup d'épée...

HECTOR.

Tu t'es battu!

OLIVIER.

Non, pas moi... mon duel ne devait avoir lieu que ce matin... un autre adversaire m'a prévenu!

HECTOR, *vivement.*

Ah ! mon ami, quel bonheur pour toi !... on prétend, depuis hier au soir, qu'à la veille d'entrer en campagne, les terribles ordonnances contre le duel vont s'exécuter de nouveau... Tu ne connais pas ça, toi... tu n'étais pas encore des nôtres à l'époque où ce malheureux Syllery fut mis à mort par ordre du Cardinal !... Quiconque sera convaincu de s'être battu en rencontre privée... jugé, condamné... exécuté prévotalement, à l'instant même!

OLIVIER.

Par bonheur! on ignore encore l'adversaire de Guébriac...

HECTOR.

On le connaîtra, mon ami !... le Cardinal a cent yeux et cent oreilles... Mais ta ronde a passé sur le lieu du combat?...

OLIVIER.

Ma ronde était rentrée depuis une heure... (*En confidence.*) Mais, dis-moi, je voudrais te consulter sur une chose étrange qui vient de m'arriver à l'instant!

HECTOR.

Quoi donc?

OLIVIER.

Figure-toi que tout à l'heure, j'étais de service à la porte de la galerie du palais... la messe venait de finir... la Reine sortait de la chapelle pour regagner ses appartements, lorsqu'une de ses demoiselles d'honneur, en passant près de moi, m'a lancé un coup d'œil si plein d'indignation et de courroux, que j'en suis encore tout saisi en te le racontant.

HECTOR, *riant.*

Oh ! ce pauvre Olivier !

OLIVIER.

Puis, je l'entendis murmurer vivement à l'oreille de sa compagne les mots d'injure, d'outrage, de confiance trahie!

HECTOR, *à part.*

Quel soupçon ! (*Haut.*) Et quelle est la noble dame dont le regard t'a terrifié à ce point?

OLIVIER.

La nièce du cardinal.

HECTOR, *à part.*

Mademoiselle de Solange !

OLIVIER.

Te voilà aussi surpris que moi, n'est-ce pas?

HECTOR, *avec une émotion comique.*

Plus surpris, mon ami, mille fois plus que je ne puis te le dire... mais es-tu bien sûr?...

OLIVIER.

Très-sûr... eh ! pouvais-je m'y tromper ?

HECTOR, *à part.*

Ainsi, cet amant aimé dont j'ignorais le nom, ce serait lui... voilà de la fatalité... après tout, il ne l'aime pas !

OLIVIER.

J'ai beau réfléchir... je ne puis deviner d'où venait ce grand courroux!

HECTOR, *se remettant.*

Ce n'est rien, mon ami... un caprice de jolie femme, sans doute... ou quelque propos de cour que l'on t'aura attribué sur son compte.

OLIVIER.

Un propos sur elle... sur mademoiselle de Solange !...

HECTOR.

Tu as raison... ce serait indigne d'un officier... d'un chevalier français... Et elle surtout, charmante, gracieuse, et si, comme on le dit, son mariage avec le prince de Lorraine n'a pas lieu... quel parti magnifique !...

OLIVIER.

Sans doute... mais pour l'obtenir... il faudrait un rang élevé... une position brillante!

HECTOR.

Je le crois bien !... Mais d'où vient ce bruit!

SCÈNE III.

LES MÊMES, *le capitaine* ROLAND, *précédé de* ROHAN, NARBONNE, GONTAUD, CRÉQUI, *d'autres officiers, de quelques pages et des trompettes de la compagnie des Mousquetaires.*

CHOEUR, *montrant Olivier.*

Quel honneur pour la compagnie !
Un mousquetaire grand seigneur !
Avec transport, et sans envie,
Chacun prend part à son bonheur.

OLIVIER.

Expliquez-vous !

HECTOR.

Que signifie ?

TOUS, *à Olivier.*

Honneur ! honneur
A monseigneur ?

OLIVIER.

Quel est cette plaisanterie ?

TOUS.

Honneur ! honneur
A sa grandeur !

ROLAND, *entrant.*

Par la mordieu ! que l'on s'efface !
Et sans hésiter, s'il vous plaît,
Que chacun ici fasse place
Au seigneur duc de Montbaret !

OLIVIER.

Qu'entends-je ? ô ciel !

ROLAND, *gaîment à Olivier.*

AIR :

Ah ! quel plaisir ! ah ! quel bonheur !
Vous voilà duc et grand seigneur !
Je suis votre humble serviteur !
Ah ! pour moi quelle ivresse !
Je puis revoir encor
Refleurir ta noblesse
Sur une tige d'or !
Devant son excellence,
Comme moi, chapeau bas !
Au rang, à la naissance
On doit céder le pas !

TOUS, *se découvrant, à Olivier.*

Devant son excellence,
Allons, tous, chapeau bas !
Au rang, à la naissance
On doit céder le pas !

OLIVIER, *à Roland.*

Un mot, de grâce !...

ROLAND, *l'interrompant.*

... Il faut des valets et des pages
Pour monter ta noble maison,
Un hôtel et des équipages
Ornés de ton riche blason !
Pas une belle et noble dame
Qui ne veuille à présent de toi,
Et tu peux choisir une femme
Dans le palais même du roi !

ROLAND *et le* CHOEUR.

Par la mordieu ! que l'on s'efface,
Et sans hésiter, s'il vous plaît,
Que chacun ici fasse place
Au seigneur duc de Montbaret !

OLIVIER, *avec transport.*

Duc de Montbaret !... moi, pauvre cadet de famille... mais c'est un rêve, une illusion !

ROLAND.

Duc de Montbaret, te dis-je !... ta bonne mère vient de me l'écrire, en me priant de te préparer à ton bonheur subit... Ton oncle, excellent oncle ! ayant éprouvé une attaque de goutte... excellente goutte !... et craignant une rechute... vient de faire passer sur ta tête son titre de duc et son immense fortune !...

OLIVIER.

Ah ! mon bon capitaine... ah ! mes amis... j'ai peine à contenir mon bonheur !

ROLAND.

Et ce bonheur-là, tous ces messieurs ont voulu venir t'en féliciter avec moi !

OLIVIER, *leur donnant la main.*

Merci, mes camarades... merci !

ROLAND.

Messieurs... cette nuit, après le bal masqué de la cour, je propose un souper magnifique pour toute la compagnie... et nous porterons la santé du nouveau duc de Montbaret !

TOUS.

Adopté !

GONTAUD.

Nous boirons à sa grandeur !

CRÉQUI

A sa fortune !

ROHAN.

A sa maîtresse !

ROLAND, *avec intention, serrant la main d'Olivier.*

Non, messieurs... à sa femme... à la future duchesse de Montbaret !

OLIVIER, *avec joie.*

Oui, mon bon capitaine... vous me devinez, vous... vous me comprenez !

ROLAND, *à Hector.*

Monsieur de Biron ! voilà une fortune qui aurait fort accommodé deux de vos amis intimes !

HECTOR.

Et lesquels, capitaine ?

ROLAND.

Le Lansquenet et le Pharaon, par exemple !

HECTOR.

Ma foi, capitaine, j'aime mieux une partie de ce genre que les vôtres... grâce à l'édit du Cardinal... la tête pour enjeu... c'est trop cher !

ROLAND, *avec ironie.*

Eh ! eh ! monsieur, ça dépend de la tête !

CRÉQUI.

Le bal masqué dans une heure, messieurs... vous n'avez que le temps d'aller prendre vos costumes.

ROLAND, *à Olivier.*

Venez-vous, monsieur le duc ?

OLIVIER.

Monsieur le duc !... ah ! oui, au fait, c'est à moi... Écoutez donc... quand on n'a pas encore l'habitude... Non, capitaine, non... je vous rejoins dans un instant...

REPRISE DU CHOEUR.

Quel honneur pour la compagnie !
Un mousquetaire grand seigneur !
Avec transport, et sans envie,
Chacun prend part à son bonheur !

(*Ils sortent tous, excepté Hector et Olivier.*)

SCÈNE IV.

HECTOR, OLIVIER.

HECTOR.

Ce cher Olivier !... le voilà riche, heureux... avec un titre superbe !... Quel malheur que tu sois si froid, si indifférent... que tu n'aimes personne pour partager tout cela !

OLIVIER, *avec transport.*

Mais au contraire, mon ami... j'aime, j'adore quelqu'un...

HECTOR.

Vraiment ?

OLIVIER.

Tu ne devines pas ?

HECTOR.

Ma foi, non !

OLIVIER.

Une femme charmante... un ange.

HECTOR.

Son nom, je t'en prie !... je suis discret... foi de mousquetaire !

OLIVIER.

Eh bien !...

HECTOR.

C'est ?

OLIVIER.

C'est mademoiselle de Solange!

HECTOR, *à part.*

Ah! malheureux! qu'est-ce qu'il m'apprend là?

OLIVIER.

Maintenant, il s'agit de se déclarer!... voyons, que ferais-tu si tu étais à ma place?

HECTOR, *avec une émotion comique.*

A ta place!... mais je m'y mets... je m'y suis mis! (*à part*) je n'y suis que trop à ta place... (*haut*) et tu me vois fort embarrassé!

OLIVIER.

Eh bien! nous en reparlerons... toi qui connais si bien les femmes, ton expérience me guidera... et à la première occasion... (*Regardant au fond.*) Ah! mon ami... qu'ai-je vu!

HECTOR.

Quoi donc?

OLIVIER.

Elle... mademoiselle de Solange et Berthe de Simiane qui se dirigent de ce côté!

HECTOR, *à part.*

Bon! il ne me manquait plus que ça!

OLIVIER, *avec joie.*

Quel bonheur! je vais pouvoir tout lui dire... tout expliquer!

HECTOR.

Non, mon ami... non, pas d'explication, je t'en prie!...

OLIVIER.

Au contraire... c'est le cas ou jamais... je veux apprendre d'elle-même d'où lui venait ce regard indigné, ce couroux à ma vue!

HECTOR, *à part.*

Mais c'est à en perdre la raison!... que faire? que devenir?... et mes lettres à mademoiselle de Solange... lui qui connaît mon écriture... Si je pouvais seulement gagner du temps!

OLIVIER.

Si tu me quittes, si tu m'abandonnes... je me risque tout seul!

HECTOR, *à part et vivement.*

Au fait, si je m'éloigne... ils finiront par s'expliquer, par se comprendre... et Dieu sait ce que ça deviendrait... tandis qu'en embrouillant un peu la situation... quitte à tout réparer plus tard... (*Haut.*) Je reste, mon ami, je reste... je suis tout à toi... (*Sur la ritournelle du morceau suivant, Hector et Olivier s'approchent des jeunes filles, qui sortent de la droite et vont gagner la galerie du fond, en les saluant profondément; à la vue d'Olivier, mademoiselle de Solange paraît éprouver une vive émotion.*)

SCENE V.

LES MÊMES; BERTHE, ATHÉNAIS.

QUATUOR.

OLIVIER, *à mi-voix à Hector.*

Mon ami, les voici... retiens-les, je t'en prie!

HECTOR.

Nous avons mal choisi le moment et le lieu...
Une autre fois...

OLIVIER.

Non pas! (*Haut à Athénaïs*) Daignez, je vous supplie,
Mademoiselle!

ATHÉNAÏS, *à part.*

Il m'a parlé, grand Dieu!
Devant témoins... (*Bas à Berthe.*) Sortons!...

OLIVIER, *à Athénaïs.*

... Un mot, je vous conjure!

HECTOR, *à part.*

Allons, nous n'éviterons pas
Ce terrible entretien... faisons bonne figure
Pour sortir de ce mauvais pas!

ENSEMBLE.

ATHÉNAÏS.

Mais d'où lui vient donc tant d'audace?
Oser lever les yeux sur moi!
Mon cœur demande en vain sa grâce:
Point de pitié! je dois punir, oui, je le dois!

BERTHE.

De lui parler il a l'audace,
Et pourtant ici je le voi,
Tremblant, immobile à sa place;
Ah! j'en ai pitié malgré moi!

OLIVIER.

Pour mériter cette disgrâce
Je n'ai rien fait, oui, je le croi,
Mais son regard pourtant me glace,
Je tremble d'amour et d'effroi!

HECTOR.

Allons, il faut payer d'audace,
Et si bien tout brouiller, ma foi,
Qu'aucun d'eux, dans ce qui se passe,
Ne se reconnaisse... que moi!

BERTHE, *à Olivier.*

Nous attendons, monsieur, expliquez-vous!

OLIVIER.

Hélas! de votre noble amie,
Je crains d'avoir mérité le courroux!
Car dans ses yeux et si beaux et si doux,
J'ai cru lire un reproche...

ATHÉNAÏS.

Un reproche de moi!
Y songez-vous, monsieur!

HECTOR.

Pardonnez sa folie...
Il suffit qu'on soit jeune, jeune et surtout jolie,
Pour le troubler ainsi...
(*A Olivier.*)
Je te sers malgré toi.

OLIVIER.

Mais pas du tout.

ATHÉNAÏS.

S'il suffit d'être belle.

HECTOR, *bas à Olivier.*

Bravo! l'on est piqué...

OLIVIER, *à Athénaïs.*

Non, non, mademoiselle
Un seul amour m'a toujours vu fidèle!

ATHÉNAÏS.

Monsieur! un tel aveu...

HECTOR, *à Olivier.*

Cela ne se fait pas.

OLIVIER.

Non... une seule femme, hélas!

ATHÉNAÏS, *avec froideur.*

Ah! de vos sentiments, j'espère,
Vous n'allez pas ici nous dire le mystère!

HECTOR, *à Olivier.*

Y penses-tu... c'est très inconvenant!
Et tu vas tout gâter... (*A part.*) Surtout en ce moment.

REPRISE DE L'ENSEMBLE.

ATHÉNAÏS.

Mais d'où lui vient donc tant d'audace! etc.

BERTHE.

De lui parler il a l'audace! etc...

OLIVIER.

Pour mériter cette disgrâce, etc...

HECTOR.

Allons, il faut payer d'audace, etc...

OLIVIER, *à Athénaïs.*

Mademoiselle!

HECTOR.

Allons, courage... d'ordinaire
Tu n'es pas si timide!

ATHÉNAÏS.

Et monsieur, au contraire
Est renommé, dit-on, pour sa témérité!

OLIVIER, *stupéfait.*

Moi!

HECTOR.

Ce n'est pas toujours son caractère!
Mais par le sentiment quand il est emporté,
Il se conduit alors comme un vrai mousquetaire.

OLIVIER.

N'en croyez rien!

ATHÉNAÏS.

Ah! c'est un grand défaut,
Car, si par le respect on réussit à plaire,
En l'oubliant, on est bientôt
Sûr d'inspirer un sentiment contraire!

ENSEMBLE.

HECTOR.

Vive la finesse!
Honneur à l'adresse!
Par elle sans cesse
On est triomphant!
En amour, en guerre,
Un cœur téméraire,
D'un destin contraire,
Fait un sort charmant.

ATHÉNAÏS.

Contre sa tristesse,
Non point de faiblesse,
De sa hardiesse
Quoique repentant,
Son cœur téméraire
Fut trop sûr de plaire,
Qu'ici ma colère
Soit son châtiment!

OLIVIER.

Amour et tendresse,
Espoir plein d'ivresse,
De ce cœur qu'on blesse,
Fuyez promptement!
Destin éphémère
Et douleur amère,
Voilà sur la terre
Mon sort maintenant!

BERTHE.

Sa sombre tristesse
Sa vive tendresse,
Tout, je le confesse,
Me touche vraiment!
En amour, en guerre,
Un cœur téméraire,
Quand il sait nous plaire,
Doit être charmant!

HECTOR.

(*à Olivier.*) (*à Athénaïs.*)
Je vais tout arranger... Daignez lui faire grace!
Un ange comme vous doit se laisser fléchir;
Est-il un crime que n'efface
Un profond et vrai repentir?
Ah! daignez pardonner au trouble de son âme,
Il voudrait à vos pieds vous dépeindre sa flamme...
Vous le voyez... son cœur prend son élan,
C'est la foudre... c'est un volcan!

OLIVIER, *à Hector.*

Tu me perds!

HECTOR, *continuant.*

Ah! plaignez son délire...

OLIVIER.

Grand Dieu!

HECTOR.

Dans ses regards vous pouvez lire
Un amour, qu'en secret il exprimerait mieux
Seul avec vous...

BERTHE.

Mon Dieu! comme on s'abuse
Avec cet air timide...

HECTOR.

Ah!... c'était une ruse,

OLIVIER.

Que dis-tu donc?

HECTOR.

Si tu voyais ses yeux,
Ils sont, mon cher, des plus audacieux!

ATHÉNAÏS.

Messieurs de grâce,
Épargnez-moi de semblables discours,
Il est des torts que rien n'efface
Et dont on se souvient toujours!

OLIVIER.

Qu'ai-je entendu?

HECTOR.

C'est un arrêt sévère,
(*Aux jeunes filles.*)
Permettez-moi de vous offrir mon bras!
(*A Olivier.*)
Tu le vois, j'ai fait tout pour arranger l'affaire
Mais, hélas! on ne t'aime pas.

REPRISE DE L'ENSEMBLE.

HECTOR.

Vive la finesse, etc.

ATHÉNAÏS.

Contre sa tristesse, etc.

OLIVIER.

Amour et tendresse, etc.

BERTHE.

Sa sombre tristesse, etc.

(*Hector, sur la ritournelle présente la main aux deux jeunes filles et sort avec elles, tandis qu'Olivier reste stupéfait en les voyant s'éloigner.*)

SCÈNE VI.

OLIVIER, *seul.*

Elle ne m'aime pas! elle ne m'aimera jamais... je ne peux plus en douter... elle a repoussé mes premiers mots d'aveu avec une froideur... c'était presque de la colère, de l'indignation... Cette faute que j'ai commise envers elle... je l'ignore... quelque oubli du cérémonial, peut-être... quelque salut d'étiquette que je n'aurai pas fait assez bas... voilà de ces crimes de cour qu'on ne pardonne pas... et moi qui me réjouissais si vivement de ce titre, de cette fortune que le ciel m'envoyait, et que j'étais si fier de mettre à ses pieds... Ah! tout cela n'est pas digne d'elle... c'est un trône qu'il faut à la fière Athénaïs... car l'orgueil est la seule passion qui fasse battre le cœur d'une grande et noble dame comme elle!

SCÈNE VII.

OLIVIER, BERTHE.

BERTHE, *entrant avec mystère et regardant autour d'elle.*
Il est seul... et je puis me risquer... (*A Olivier.*) Monsieur...

OLIVIER.

Mademoiselle?

BERTHE.

J'ai si peur d'être aperçue! qu'est-ce qu'on penserait de moi!... venir vous trouver... causer en secret avec un mousquetaire... c'est fort mal... et encore si c'était pour mon propre compte!

OLIVIER.

Que voulez-vous dire, mademoiselle?

BERTHE, *l'examinant.*

Pauvre jeune homme! comme le voilà triste et découragé!... Allons, ayez confiance... je vous apporte un peu d'espoir, un mot bien doux que vous connaissez déjà, n'est-ce pas, monsieur!

OLIVIER.

De l'espoir!... ah! je vous jure que jamais je ne fus plus loin d'en avoir!

BERTHE.

Querelle d'amant, nous connaissons cela... (*vivement*) par ouï dire, monsieur, je vous prie de le croire... mais je suis dans la confidence!... je sais tout!

OLIVIER.

Et que savez-vous, au nom du ciel, mademoiselle?...

BERTHE.

Ah! bien! vous êtes discret... comme tout loyal chevalier doit l'être... et si déjà je ne m'intéressais à vous, je crois que je commencerais à présent!

OLIVIER.

Ah! parlez, expliquez-vous... je vous en conjure!

BERTHE.

On m'a tout dit, monsieur... votre amour secret, mystérieux, impénétrable !

OLIVIER, *avec transport.*

O ciel ! elle ! mademoiselle de Solange ?

BERTHE.

Mais taisez-vous donc, monsieur... voulez-vous la compromettre et moi aussi ?...

OLIVIER.

La compromettre !... quand je donnerais mon sang, ma vie pour elle !

BERTHE.

Oui, on sait cela !... on sait que vous êtes généreux, dévoué, et très-amoureux !... aussi, je vous ai vu si malheureux tout à l'heure, et elle si triste, que je me suis chargée de venir vous trouver de sa part...

OLIVIER, *avec joie.*

De sa part !

BERTHE.

Pour vous dire que l'on ne vous en veut plus... et que l'on vous aime encore !

OLIVIER, *tombant aux pieds de Berthe.*

Un pareil aveu ! ah ! c'est trop de bonheur à la fois !...

BERTHE, *souriant.*

Mais relevez-vous donc, monsieur... on croirait que je vous pardonne !

DUO.

Comme un bon ange,
Je viens vers vous,
Mais en échange
D'espoir bien doux,
De la prudence,
Car en ce jour,
Sans le silence,
Adieu, l'amour !

OLIVIER.

O mon bon ange,
Mon cœur à vous,
Puis en échange
D'espoir bien doux !
Reconnaissance en ce beau jour
Que l'amitié donne à l'amour !

BERTHE.

J'ai là pour vous, mais si vous êtes sage,
J'ai là pour vous certain message !

OLIVIER, *avec transport.*

Elle m'écrit !

BERTHE.

Quelques mots seulement !
Car vous le voyez bien, monsieur, en ce moment.

ENSEMBLE.

BERTHE.

Comme un bon ange,
On vient vers vous,
Mais en échange
D'espoir bien doux,
De la prudence,
Car dans ce jour
Sans le silence,
Adieu l'amour !

OLIVIER.

O mon bon ange !
Mon cœur à vous,
Puis en échange
D'un mot bien doux,
Reconnaissance
Pour ce beau jour,
Que l'espérance
Donne à l'amour !

BERTHE, *tirant mystérieusement un billet de son sein et le lui donnant.*

Tenez, monsieur, lisez bien vite.

OLIVIER, *avec ardeur, baisant le billet.*

Billet charmant que sa main a tracé,
Ta douce vue et m'enflamme et m'agite.

BERTHE, *riant.*

Mais quand cent fois vous l'aurez embrassé,
Apprendrez-vous, monsieur, ce que l'on veut vous dire ?

OLIVIER.

C'est vrai... mais c'est à peine, ô ciel ! si je puis lire...

BERTHE, *prenant le billet.*

Je le lirai pour vous. (*Lisant.*) « A mon domino bleu,
« Vous me reconnaîtrez ce soir, pendant la fête ! »

OLIVIER, *avec transport, serrant Berthe dans ses bras.*

Ah ! de bonheur j'en perds la tête !

BERTHE, *se dégageant.*

Je le vois bien... mais calmez-vous un peu
Si l'on venait, en vous voyant si tendre,
On me ferait l'honneur de ce beau feu
Auquel je n'ai rien à prétendre !

ENSEMBLE.

BERTHE.

Ah ! qu'un rendez-vous
Est doux,
C'est un bien suprême !
O charmant espoir
De voir
La beauté qu'on aime !
Flamme dévorante
Vient remplir le cœur,
Et cette douce attente
Est déjà le bonheur !

OLIVIER.

Ah ! qu'un rendez-vous
Est doux,
C'est un bien suprême !
O charmant espoir
De voir
La beauté qu'on aime !
Brûlante ardeur,
Remplit le cœur,
C'est déjà le bonheur !

BERTHE.

A présent je vous quitte,

OLIVIER.

Adieu, bon ange, adieu !
Pour moi vous êtes bien un messager céleste.

BERTHE.

Pourtant vous aimez mieux qu'ici je reste,
Que de me suivre au sein de Dieu,
Aussi, je n'irai pas... Ne craignez rien... adieu !

REPRISE DE L'ENSEMBLE.

BERTHE, *gaîment.*

Ah, qu'un rendez-vous est doux, etc...

OLIVIER.

Ah, qu'un rendez-vous est doux, etc...

(*Berthe sort.*)

SCÈNE VIII.

OLIVIER, *puis* HECTOR.

OLIVIER.

Je ne puis en revenir... je n'ose croire encore à tant de bonheur... Cet amour que je lui cachais avec tant de soin, n'était pas un secret pour elle, elle m'a compris, deviné... et moi qui l'accusais de dureté, d'orgueil... quand sa main me traçait ces mots pleins d'espoir et d'avenir !

HECTOR, *en dehors.*

Très-bien !... ce sera superbe !

OLIVIER.

Voici Hector... comme il va partager ma joie... lui qui plaidait si bien ma cause tout à l'heure.

HECTOR, *à la cantonnade.*

Ici, les mascarades tranquilles, les pacifiques dominos... là-bas les quadrilles, les sarabandes... Monseigneur le cardinal est un habile maître de cérémonies !

OLIVIER.

Ah ! c'est le cardinal lui-même !...

HECTOR.

Qui a tout ordonné, composé... ce qui n'empêche pas le joyeux ministre de faire préparer en même temps une petite exécution à mort, qui terminera gaîment la fête !

OLIVIER.

O ciel! et pour qui?

HECTOR.

Pour l'adversaire du gascon Guébriac, que l'on veut découvrir à tout prix... Aussi, gare au coupable, ou même à l'innocent contre lequel il y aura quelques indices... monsieur de Laubardemont, le grand juge, en aura bientôt fait justice... ce qui n'empêchera pas le bal d'être charmant... ce ne sera qu'un danseur de moins, et voilà tout!

OLIVIER, *gaîment.*

Heureusement!... nous sommes là, toi et moi!...

HECTOR.

Toi aussi, Pardieu! je suis ravi que ton échec près de mademoiselle de Solange... Je connais ça... ces grandes passions-là ne durent pas... et tu ne peux pas te figurer le plaisir que tu me fais, le soulagement que j'éprouve... vrai! ça m'inquiétait!

OLIVIER.

Il n'y a pas de quoi, mon ami... je suis au comble du bonheur!

HECTOR.

Ce que c'est que la philosophie!

OLIVIER.

Mais du tout! elle nous trompait tous deux... Cette froideur, cette colère à mes aveux... c'était une ruse... tout cela cachait le plus tendre sentiment pour moi!

HECTOR, *vivement.*

Et comment le sais-tu?

OLIVIER.

Elle me l'a fait dire... elle me l'a écrit!

HECTOR.

Impossible!

OLIVIER.

Lis donc ce billet, incrédule... cette simple ligne qui dit tant de choses en si peu de mots!

HECTOR, *à part.*

O ciel! (*Lisant.*) « Ce soir, à la fête, vous me reconnaîtrez à mon domino bleu. » Un rendez-vous... (*A part.*) Tout est perdu!

OLIVIER.

Un rendez-vous... le premier de ma vie... et avec elle, mon ami... conçois-tu mes transports... Car maintenant je puis te le dire, je n'aurais pu supporter la douleur de la perdre, je me serais tué!

HECTOR, *avec émotion.*

Comment?

OLIVIER.

Oui, oui... je me serais tué!... c'est affreux, mais c'est ainsi... ma naissance, notre illustre nom... ma mère, ma mère elle-même... tout disparaissait, tout s'effaçait devant cette passion-là, la première, l'unique de ma vie... mais à présent qu'elle m'aime, je puis tout oser... le cardinal chérit sa nièce... j'irai me jeter à ses pieds... mon titre, ma fortune, mon amour, le toucheront peut-être... et si Dieu m'accorde ce bonheur, je n'oublierai jamais avec quelle amitié tout à l'heure encore tu parlais pour moi... Un ami comme toi, une femme comme elle, j'en deviendrais fou de joie, si ce n'était déjà fait... Adieu! adieu! je vais me préparer pour le bal! (*Il sort.*)

SCÈNE IX.

HECTOR, *seul.*

Pauvre Olivier! comme il l'aime... quelle passion! Il se serait tué, dit-il... et moi qu'il appelle son ami, qu'il remercie!... pour un caprice, pour une folie, j'ai compromis son bonheur, son amour, un amour que j'ignorais, c'est vrai... mais maintenant que je le sais profond et sérieux... le tromper encore, ce serait indigne!... Mais que faire? comment tout réparer? J'y songe... tout dire, tout avouer, mais pas à lui... c'est à mademoiselle de Solange que je veux tout confier... Une femme, une jeune fille, c'est si bon, si généreux d'ordinaire... et ce rendez-vous, ce bal masqué... oui, vraiment, c'est le seul moyen... de cette façon il la cherchera toute la nuit, et c'est moi que mademoiselle de Solange trouvera... (*Il écrit sur ses tablettes.*) « Mademoiselle, « le cardinal a des soupçons... changez la couleur de votre domi- « no... tous les dominos bleus seront observés cette nuit... « prenez un domino rose, au lieu du bleu que vous deviez porter. » Vite ce billet à cette suivante que j'ai mise dans mes intérêts... il sera dans dix minutes à son adresse... Les salons se remplissent déjà... voici les premiers accords du bal... pas un moment à perdre. (*Il sort en courant, les portières du fond s'ouvrent alors toutes à la fois et laissent voir une salle de bal magnifique et brillamment éclairée.*)

SCÈNE X.

Les seigneurs et dames de la cour en habits de caractère; les demoiselles d'honneur en bergères; NARBONNE, *et autres officiers en habits de paladins; ils entrent de tous côtés sur le chœur suivant.*

CHOEUR GÉNÉRAL.

Sous les habits de la folie,
Se travestir,
Faire un bal masqué de la vie,
Ah! quel plaisir!
Aimons, trompons, rions sans cesse,
Vive l'erreur!
S'endormir dans sa folle ivresse
C'est le bonheur.

LES DEMOISELLES D'HONNEUR.

CHOEUR PASTORAL.

Aux sons de la musette,
Bergères du hameau,
Nous venons sur l'herbette
Conduire nos troupeaux
Vers ta pastourelle,
Viens, berger galant,
Le plaisir appelle
Et l'amour attend.

LES OFFICIERS.

CHOEUR MARTIAL.

Gai paladin, portant sur ta bannière
Ces mots sacrés et de gloire et d'honneur,
Élance-toi dans la carrière,
L'amour garde un prix à ton cœur.

REPRISE DU CHOEUR GÉNÉRAL.

Sous les habits de la folie, etc.

SCÈNE XI.

LES MÊMES, LE CAPITAINE ROLAND.

ROLAND, *entrant.*

Cette fête aimable et brillante
Me rappelle ces jours heureux,
Où du bon roi Henri la cour brave et galante
Au Louvre célébrait nos exploits glorieux.

NARBONNE.

Pauvre temps, pauvre cour, surtout pauvre musique!

ROLAND.

Vous croyez ça, mon beau muguet,
Ecoutez, écoutez cette chanson antique,
Quoique d'un style un peu gothique,
Dans Paris, au bon temps, chacun la répétait.

PREMIER COUPLET.

Point de beauté pareille
A l'objet de mes feux,
Et l'aurore vermeille
Brille moins que ses yeux.
Rien ne vaut cette belle
Et voici l'étonnant;
Elle est aussi fidèle
Que mon cœur est constant.
En vain plus d'un riche seigneur
Plein d'ardeur,
Offre des bijoux, des présents
Très-brillants;
Elle préfère au beau galant,
Son soldat, qui pourtant
N'a pas un sou vaillant...
C'est à la cour du roi Henri,
Messieurs, que se passait ceci.

CHOEUR, *répétant.*

C'est à la cour du roi Henri
Messieurs, que se passait ceci.

DEUXIÈME COUPLET.

ROLAND.

Je partis pour la guerre
Mais à quand le retour?
En lui disant: Espère...

J'emportai son amour...
Eh bien, malgré l'absence,
Malgré de mauvais jours,
Quand je revins en France
Elle m'aimait toujours.
Dix ans entiers dans un couvent,
En priant,
Les yeux fixés sur son missel
Ou le ciel;
Elle disait : Dieu tout-puissant,
Rendez-moi mon amant
Bien portant
Et constant...
C'est à la cour du roi Henri,
Messieurs, que se passait ceci.

CHOEUR, *répétant.*

C'est à la cour du roi Henri,
Messieurs, que se passait ceci.

CHOEUR GÉNÉRAL.

Sous les habits de la folie
Se travestir,
Faire un bal masqué de la vie
Ah! quel plaisir!
Aimons, trompons, rions sans cesse
Vive l'erreur!
S'endormir dans sa folle ivresse,
C'est le bonheur.

Les différents groupes de masques se dispersent dans la galerie.

SCÈNE XII.

HECTOR, OLIVIER; *ils sont tous deux en dominos noirs masqués.*

ENSEMBLE.

Nuit charmante, dure sans cesse,
Prolonge ton aimable cours,
Au profit de notre tendresse;
Le plaisir cache les amours.

OLIVIER, *à Hector, regardant de tous côtés.*

Pas de domino bleu, conçois-tu ma surprise?

HECTOR, *riant.*

Ma foi, s'il faut que je le dise
De toi peut-être on veut se divertir.

OLIVIER.

Non, non.., elle ne peut mentir...

HECTOR.

Cherche la donc!...

OLIVIER.

Mon cœur saura la découvrir.

Il va regarder tous les masques qui sont au fond, tandis que Berthe et Athénaïs arrivent sur le devant de la scène, en dominos roses et masquées.

SCÈNE XIII

LES MÊMES, ATHÉNAIS, BERTHE.

REPRISE DE L'ENSEMBLE DES DEUX JEUNES GENS.

Nuit charmante, dure sans cesse,
Prolonge ton aimable cours,
Au profit de notre tendresse,
Le plaisir cache les amours.

OLIVIER, *revenant vivement à Hector et lui montrant le fond.*

Ciel, un domino bleu, là-bas, vois-tu d'ici?
C'est elle... j'en suis sûr.

(Il sort en courant.)

HECTOR, *à part, reconnaissant Athénaïs en riant.*

Eh! non pas, la voici...
(Il s'approche d'Athénaïs.)
C'est moi.

ATHÉNAÏS, *à mi-voix.*

Vous voyez ma prudence,
Du domino choisi j'ai changé la couleur.

HECTOR, *de même.*

Que de bontés... mais pour votre bonheur
Je dois vous révéler un secret d'importance.

ATHÉNAÏS.

Parlez vite... car j'ai grand' peur!

HECTOR.

Mais il faut me promettre une entière indulgence,
Car je serai bien coupable à vos yeux.

ATHÉNAÏS, *avec tendresse.*

Mon cœur pour vous est rempli de clémence,
Vous savez s'il vous aime...

HECTOR, *à part.*

Ah, vraiment, c'est affreux
D'écouter pour autrui de semblables aveux...
N'importe, il faut parler... *(Haut.)* Sachez donc...

ATHÉNAÏS, *regardant autour d'elle avec effroi.*

Ah, grands dieux!
On nous observe... du silence,
Eloignez-vous...

Hector et Athénaïs se séparent en reprenant l'ensemble.

... Nuit charmante, dure sans cesse,
Prolonge ton aimable cours,
Au profit de notre tendresse,
Le plaisir cache les amours.

SCÈNE XIV.

LES MÊMES, OLIVIER, *accourant.*

BERTHE, *se rapprochant d'Athénaïs.*

Quelqu'un vient.

OLIVIER, *à Hector.*

Ah, mon cher, cette femme charmante...

HECTOR.

Après qui tu courais...

OLIVIER.

Juge mon épouvante,
Soixante ans pour le moins...

ATHÉNAÏS, *à Berthe, montrant Olivier qu'elles ne reconnaissent pas.*

Hélas, cet étranger
Vient bien mal à propos...

BERTHE.

Ici, pour t'obliger,
Je vais tâcher de lui tourner la tête
En l'intriguant un peu...

HECTOR, *désignant à Olivier Berthe qui s'approche de lui.*

Je vois une conquête
Qui s'avance vers toi...

OLIVIER, *examinant Berthe.*

Quels pieds et quelle main!
C'est peut-être elle... ô fortuné destin!

ENSEMBLE A QUATRE VOIX.

Ah! je sens d'avance
Une tendre ardeur;
Et la douce espérance
Enivre mon cœur.

Au moment où Olivier se rapproche de Berthe, et Hector d'Athénaïs, on entend un grand tumulte au fond, et l'on voit accourir en désordre Roland et tous les masques du bal, entourant le grand Prévôt accompagné d'officiers de justice.

SCÈNE XV.

LES MÊMES, LE GRAND PRÉVOT, OFFICIERS.

CHOEUR.

Quel étrange et sombre mystère,
La justice au milieu du bal!
D'où vient cet appareil sévère?
Est-ce de l'ordre du Cardinal!

LE GRAND PRÉVÔT, *parlant sur une ritournelle piano.*

Que personne ne sorte!... De par la loi et les ordres exprès de son éminence, nous, Jacques Laubardemont, grand prévôt des armées et cours de justice du royaume, ordonnons que tous les masques tombent à l'instant!

HECTOR, *vivement à Olivier, en lui montrant Athénaïs, et le faisant passer près d'elle.*

C'est elle! je l'ai reconnue!

OLIVIER, *à mi-voix.*

Elle! quel service tu me rends! merci! *(Au moment où tout le monde se démasque, Athénaïs, qui n'a pas vu la substitution d'Olivier, se trouve près de celui-ci, tandis qu'Hector est à côt de Berthe, son masque à la main.)*

LE GRAND PREVÔT, *reconnaissant Olivier et s'approchant de lui.*

Monsieur d'Entragues, au nom du roi, je vous arrête!

OLIVIER, *étonné.*

Moi, monsieur! qu'ai-je donc fait?

LE GRAND PRÉVÔT.

Au mépris des ordonnances et des édits contre le duel, vous êtes accusé de vous être battu hier, à minuit, avec le comte de Guébriac!

TOUS.

Grands dieux!

OLIVIER, *au grand prévôt.*

Monsieur, je puis vous jurer... et le comte vous attestera lui-même...

ROLAND, *vivement.*

Je cours le trouver!

TOUS, *au grand prévôt.*

Oui, monsieur... nous y courons tous!

LE GRAND PRÉVÔT.

C'est inutile, messieurs... le comte de Guébriac est mort!

TOUS.

O ciel!

LE GRAND PRÉVÔT, *à Olivier.*

Et votre croix de Jérusalem, trouvée sur lui, a été reconnue pour un gage de combat échangé hier entre vous et lui devant de nombreux témoins...

FINAL.

ROLAND, *avec désespoir.*

Dieux, c'est moi qui le perds, et je prévois son sort.

ATHÉNAÏS, *tremblante et bas à Hector.*

Et ce sort, quel est-il? au nom du ciel...

HECTOR, *bas à Athénaïs avec désespoir.*

La mort!

ATHÉNAÏS, *bas à Hector.*

La mort, mais je connais, monsieur, son innocence,
Hier, lorsque minuit sonnait...
Loin du fatal combat votre ami se trouvait.

HECTOR.

O ciel!

ATHÉNAÏS.

Qu'il dise tout, monsieur, pour sa défense.

LE GRAND PRÉVÔT.

Monseigneur vous attend.

ATHÉNAÏS.

Ne m'entendez-vous pas,
Lorsqu'on va sous vos yeux le conduire au trépas.

LE GRAND PRÉVÔT.

Partons.

ATHÉNAÏS, *au comble de l'agitation courant au milieu des gardes et se plaçant devant Olivier qu'on emmène.*

Non, la honte et l'effroi
Ne doivent pas m'abattre;
Messieurs, c'est impossible... il n'a pas pu se battre,
Car cette nuit, il était près de moi...

Tombant dans les bras de ses compagnes.

Je meure!

OLIVIER.

Qu'entends-je, ô ciel!

TOUS.

Dieu, que veut-elle dire?
Est-ce un songe, est-ce un délire?
Et d'où vient cet égarement?

OLIVIER, *avec force.*

Messieurs, messieurs, je vous conjure,
Ne croyez pas cette noble imposture...
On vous trompe, j'en fais serment.

CHOEUR.

O Providence!
Que ta puissance,
Que ta clémence
Comble nos vœux!
Que ta lumière
Pour nous éclaire
Ce doute affreux!

OLIVIER.

Plutôt cent fois livrer ma vie
Que de te voir en ce jour
Ainsi perdue, ainsi flétrie,
Noble martyre de l'amour!

LE GRAND PRÉVÔT.

Du Cardinal, juge inflexible,
Il faut subir la loi terrible;
Maître suprême de leur sort,
Il va dicter ou la vie ou la mort!

OLIVIER, *au grand Prévôt.*

Moi seul je suis coupable!... à vos mains je me livre!
Devant le cardinal je suis prêt à vous suivre.

HECTOR et ROLAND, *à mi-voix à Olivier.*

Redoute cet horrible sort,
Au nom du ciel et de ta mère,
Tais-toi! tais-toi!

HECTOR, *à part.*

A parler, à me taire,
Je vois des deux côtés ou la honte ou la mort!

OLIVIER.

Je subirai mon sort,
Car je dois l'arracher à la honte, à la mort!

CHOEUR GÉNÉRAL.

O Providence!
Que ta puissance,
Que ta clémence
Comble nos vœux!
Que ta lumière
Pour nous éclaire
Ce doute affreux!

Olivier sort au milieu des gardes conduits par le grand Prévôt; tout le monde s'éloigne dans le plus grand désordre.

ACTE III.

Le théâtre représente le pavillon des filles d'honneur. Cette pièce est circulaire et se ferme au moyen de vastes fenêtres ouvertes au lever du rideau et laissant voir un magnifique paysage des campagnes du Poitou. Au fond une terrasse élevée; à gauche de l'acteur est le commencement de la chapelle royale. A droite de l'acteur les appartements du cardinal; à gauche ceux de la reine.

SCÈNE PREMIÈRE.

Au lever du rideau, LES DEMOISELLES D'HONNEUR DE LA REINE *sont assises et occupées d'ouvrages d'aiguille et de tapisserie;* LA GRANDE MAITRESSE *tient un livre à la main.*

LA GRANDE MAITRESSE, *lisant.*

« Manuel de la cour, chapitre 7, de l'étiquette en matière de » révérences... il y a 19 sortes de révérences : la haute, la basse, » la coquette, la soumise... (*S'arrêtant en voyant les jeunes filles causer entre elles.*) Qu'est-ce à dire, mesdemoiselles? on ne m'écoute pas... un livre si intéressant!

PREMIÈRE DEMOISELLE.

Et si instructif!

LA GRANDE MAITRESSE.

En tout cas, mademoiselle, cela vaut mieux que de s'occuper sans cesse à tracer des chiffres galants, à broder des gages d'amour... comme certain présent de ce genre que j'ai trouvé dans le pavillon où se passa le coupable rendez-vous de votre amie, mademoiselle de Solange!

PREMIÈRE DEMOISELLE.

Qu'est-ce donc, madame, et qu'avez-vous trouvé?

LA GRANDE MAITRESSE.

Peu vous importe, mademoiselle... qu'il vous suffise de savoir qu'on ne trompera pas deux fois ma surveillance, et que monseigneur le cardinal réserve à sa nièce un châtiment terrible qui vous servira de leçon, j'espère!

TOUTES LES DEMOISELLES, *l'entourant.*

Parlez, parlez... de quoi s'agit-il?

LA GRANDE MAITRESSE.

Mademoiselle de Solange a dû partir ce matin pour le couvent des Ursulines de Loudun, où elle sera renfermée seule et sans voir personne, jusqu'au jour prochain où elle prendra le voile, en prononçant ses vœux éternels!

LES JEUNES FILLES, *avec douleur.*

O ciel! quel affreux malheur!

SCÈNE II.

LES MÊMES, BERTHE.

CHANT.

BERTHE, *accourant, aux demoiselles.*

Plus de chagrin, plus de tristesse,
Partagez mon ravissement,
Notre amie...

LA GRANDE MAITRESSE, *sèchement.*

Elle entre au couvent...

BERTHE.

Bien au contraire, elle est duchesse...
On la marie à son amant,
A ce qu'on dit...

LES DEMOISELLES, *avec joie.*

Ah, c'est charmant.

LA GRANDE MAITRESSE, *consternée, se laissant aller dans un fauteuil.*

Grand Dieu, quel scandale effrayant!

BERTHE.

COUPLETS.

PREMIER COUPLET.

Le cardinal dans sa colère,
Sans pitié vouloit la punir;
Du couvent la retraite austère,
Pour elle, hélas! allait s'ouvrir.
Mais notre reine,
Bonne souveraine,
Propice aux amours,
Ange tutélaire,
Sa douce prière
Vint à son secours;
Non, plus de nuage,
Grâce au mariage,
Tout s'arrangera.
Après l'orage,
Qu'il est doux est sage
D'en finir par là.

LES DEMOISELLES, *répétant le refrain.*

Après l'orage,
Qu'il est doux et sage
D'en finir par là.

BERTHE.

DEUXIÈME COUPLET.

Mais il fallait voir la furie
De nos vertus de cinquante ans,
Maudissant la galanterie
Depuis qu'elles n'ont plus d'amants.

Imitant la voix de vieille.

La péronelle,
Parce qu'elle est belle,
Tout dire, ah! grands dieux!
De mon temps, ma chère,
On savait se taire.
Tout allait bien mieux.

Aux jeunes filles.

Quant à nous, je pense
Qu'un peu de prudence
Nous réussira.
Pour sortir de peine,
Une bonne reine
N'est pas toujours là.

PREMIÈRE DEMOISELLE, *à Berthe.*

Cette chère Athénaïs... quelle joie pour nous!... unie à celui qu'elle aime!

BERTHE.

Oui, mesdemoiselles... à M. d'Entragues, qui vient d'hériter de son oncle du titre de duc de Montbaret... Mariée et duchesse... deux bonheurs à la fois!

LA GRANDE MAITRESSE.

Allons donc, c'est impossible... et après le scandale de cette nuit...

BERTHE.

Il s'agissait de sauver la vie de celui qu'elle aimait... et en pareil cas je me connais, j'en aurais fait autant...

TOUTES LES DEMOISELLES.

Oui, oui, et nous aussi!

LA GRANDE MAITRESSE, *avec indignation.*

Quels principes!... est-ce là le fruit de mes sages avis, de mes vertueux exemples!

PREMIÈRE DEMOISELLE.

Écoutez donc... quand nous aurons soixante ans.

LA GRANDE MAITRESSE.

La vertu n'a pas d'âge, mademoiselle... la mienne surtout!...

BERTHE, *bas à ses compagnes.*

Alors, elle n'est pas comme sa vertu!

UN HUISSIER, *annonçant au fond.*

M. le duc de Montbaret!

LA GRANDE MAITRESSE, *avec indignation.*

Ce séducteur... ici, au milieu de vous!... Suivez-moi, mesdemoiselles... votre grande maîtresse vous l'ordonne!

BERTHE, *à mi-voix aux jeunes filles.*

C'est égal... c'est de la tyrannie... et si ces demoiselles m'écoutaient, nous ferions une bonne révolte.

LA GRANDE MAITRESSE, *furieuse.*

Une sédition en cornettes... j'en référerai à son Eminence! (*Elle sort suivie des demoiselles d'honneur.*)

SCÈNE III.

OLIVIER, *entrant, à l'huissier.*

Veuillez prévenir mademoiselle de Solange que M. le duc de Montbaret lui fait demander l'honneur d'être reçu par elle!... (*L'huissier sort par la porte de gauche.*)

ROMANCE.

PREMIER COUPLET.

Enfin un jour plus doux se lève,
Apportant l'espoir à mon cœur,
Le triste songe qui s'achève
Au réveil m'offre le bonheur!
Non, jamais ma reconnaissance
N'oubliera ton noble secours...
Ange d'innocence
Qui sauvas mes jours
Viens, plus de souffrance,
A toi pour toujours!

DEUXIÈME COUPLET

Pourtant dans mon âme ravie,
Il est encore une douleur!
Le ciel ne m'accorde la vie
Qu'au prix, hélas! de son honneur!
Non, jamais ma reconnaissance
N'oubliera ton noble secours...
Ange d'innocence
Qui sauvas mes jours!...
Viens, plus de souffrance,
A toi pour toujours!

SCÈNE IV.

OLIVIER, ATHÉNAÏS.

OLIVIER.

La voici!

ATHÉNAÏS *entrant avec la plus vive émotion.*

C'est lui!... Ah! je me sens mourir de trouble et de joie!

OLIVIER, *tombant aux genoux d'Athénaïs.*

Enfin, je vous revois, mademoiselle... et pour la première fois, depuis la cruelle scène qui s'est passée, on me permet de tomber à vos pieds, de vous parler de mon amour, de ma reconnaissance, et en même temps, de mes regrets et de mon désespoir!...

ATHÉNAÏS.

Monsieur le duc... Olivier, plus de ces paroles de douleur entre nous... notre excellente reine, et ma mère surtout qui priait là-haut pour moi, ont fléchi le cœur du cardinal... il nous pardonne... il nous unit aujourd'hui, ce soir même...

OLIVIER.

Mais ce mariage qui comble mes vœux les plus chers... ce mariage qui devrait me donner un bonheur auquel je n'osais pas même songer... il sera pour moi une cause éternelle de chagrins et de remords!

ATHÉNAÏS.

Que voulez-vous dire?

OLIVIER.

Ne le payons-nous pas au prix de ce que vous avez de plus cher au monde, Athénaïs... de votre gloire, de votre honneur!

ATHÉNAÏS.

Qu'importe? puisque je ne regrette rien... et d'ailleurs, devais-je vous laisser condamner, périr... mais j'en serais morte,

Olivier... morte avec vous... le même coup nous aurait frappés tous les deux...

OLIVIER.

Ah! mieux valait cent fois me laisser subir mon sort, que de vous voir, vous, ange de pureté, de candeur, là, devant tout ce monde avide de scandale... la honte sur le front, prononcer ces mots odieux, dont la seule pensée me déchire le cœur...

ATHÉNAÏS.

Mais ce que j'ai dit, je devais le dire, Olivier... en parlant ainsi, je n'ai fait que mon devoir... et ne vous aurais-je pas aimé comme je vous aime, fallait-il vous laisser périr, quand je pouvais vous sauver, en disant la vérité!...

OLIVIER, *à part, avec stupeur.*

La vérité!...

ATHÉNAÏS, *continuant.*

Dans cette nuit funeste, au moment de ce duel, à minuit, enfin, n'étiez-vous pas près de moi?

OLIVIER, *avec une agitation croissante.*

A minuit, que dit-elle?

ATHÉNAÏS.

Ah! ce fut un grand tort de vous recevoir, j'en conviens... mais depuis le jour où, caché dans le parc, vous aviez surpris le secret de mon amour pour vous... malgré vos lettres si tendres, si pressantes pour obtenir ce rendez-vous, n'avais-je pas toujours résisté?... et quand vous me menaciez de vous tuer si je vous refusais de nouveau... dites, Olivier, dites... pouvais-je hésiter encore!...

OLIVIER, *à part.*

O mon Dieu!...

ATHÉNAÏS.

Pendant cette heure d'entretien... l'unique de notre vie... lorsqu'au milieu de l'ombre, entouré de dangers, vous m'exprimiez d'une voix faible et tremblante un amour dont pour la première fois j'entendais les tendres aveux! (*baissant les yeux et à mi-voix*) quand j'ai senti vos bras prêts à m'attirer sur votre cœur... si je vous ai fui aussitôt, Olivier... c'est que moi-même je me craignais... j'avais peur de ma tendresse pour vous...

OLIVIER, *à part avec indignation.*

Plus de doute... un autre à ma place...

DUO.

OLIVIER, *avec une colère concentrée.*

Trahison! perfidie!
Infamie!

ATHÉNAÏS.

Tout n'était que douleur!
Et regrets et souffrance,
Aujourd'hui l'espérance
Vient ranimer mon cœur!

OLIVIER, *à part.*

Ah! pour moi la vengeance!
Oui, voilà de mon cœur
Et la seule espérance
Et l'unique bonheur!

ENSEMBLE.

ATHÉNAÏS.

Lorsqu'on est chérie
Au gré de ses vœux!
Est-il donc dans la vie
Un seul jour malheureux?

OLIVIER, *à part.*

Trahison! perfidie!
Il me faut la vie
Du traître odieux!

ATHÉNAÏS.

Eh! que m'importe à moi de paraître coupable
Lorsque je suis pure à vos yeux!

OLIVIER, *à part.*

Lui révéler cette trame effroyable
C'est la frapper d'un coup affreux!

ATHÉNAÏS.

Notre hymen, d'ailleurs, à ma vie
Va rendre un brillant avenir!
Notre hymen, sans lequel il me faudrait mourir!

OLIVIER.

Mourir! ô ciel! de cette perfidie
Est-ce elle, hélas! qu'il faut punir?

ENSEMBLE.

ATHÉNAÏS.

Lorsqu'on est chérie
Au gré de ses vœux,
Est-il donc dans la vie
Un seul jour malheureux?

OLIVIER.

Trahison! perfidie!
Il me faut la vie
Du traître odieux!

ATHÉNAÏS, *indiquant la porte à gauche.*

Tout à l'heure, Olivier, là, je vous attendais,
Toujours pensant à vous, mon ami, je disais:
Je l'ai sauvé, celui dont l'existence
Etait ma vie et mon espoir.
Dieu m'inspirait, lorsque pour sa défense,
J'ai, sans trembler, su remplir mon devoir...
Du haut des cieux, ô ma mère chérie,
Que ton pardon descende dans mon cœur!
Pour son bonheur j'aurais donné ma vie
Et pour ses jours j'ai donné mon honneur!

OLIVIER.

Ah! je n'hésite plus... je connais mon devoir
Cet infâme secret seul je dois le savoir!
A Athénaïs.
Tu m'as sacrifié par un aveu sublime,
Ange venu des cieux,
Ce qu'on a de plus saint, ce que le monde estime
Comme un bien précieux
L'injure et le mépris, noble et sainte victime,
T'ont fait baisser les yeux!
A toi mon bras pour te défendre,
A toi mon respect éternel!...
Peut-être un jour, va, je saurai te rendre
Ce que tant de vertus t'ont mérité du ciel!
A toi, ma vie entière,
Je serai ton époux, ton appui, ton soutien!
Oui, ta gloire m'est chère,
J'en serai toujours le gardien!
Ah! désormais je réclame
Le droit de te défendre ici!
Avec orgueil je dis aujourd'hui:
Elle est ma femme!

ENSEMBLE.

ATHÉNAÏS.

A toi ma vie entière,
Tu seras mon époux, mon appui, mon soutien!
Et bientôt, je l'espère,
Ton destin sera le mien!

OLIVIER.

A toi ma vie entière,
Je serai ton époux, ton appui, ton soutien...
Oui, ta gloire m'est chère,
J'en serai toujours le gardien!

OLIVIER, *à part.*

Je n'ai plus qu'un désir, un seul, c'est de savoir
Le nom du traître!
Ah! comment ici le connaître?
Mais... oui... quel espoir!
(*Se rapprochant d'Athénaïs.*)
Ces lettres d'un amant si tendre
Vous les avez toujours?

ATHÉNAÏS.

Je les brûlais...

OLIVIER.

Rien... mais le ciel saura m'entendre
Et me prêtera son secours!

ENSEMBLE.

ATHÉNAÏS.

A toi ma vie entière, etc....

OLIVIER.

A toi ma vie entière! etc...
(*Athénaïs sort par la droite, reconduite par Olivier.*)

SCÈNE V.

OLIVIER, *seul.*

Ma raison faiblit sous un tel coup!... je doute encore de ce que je viens d'entendre... Merci, mon Dieu ! de m'avoir donné le courage de me taire... si j'avais parlé, je la tuais... elle serait morte de honte et d'effroi, en apprenant une telle perfidie... Le traître ! usurper ainsi mon pur et saint amour !... et pas un indice... rien, pour me mettre sur la voie de cet outrage !...

SCÈNE VI.

OLIVIER, ROLAND, HECTOR.

ROLAND, *avec expression, courant à Olivier.*
Olivier, mon fils !

HECTOR, *de même.*
Mon ami ! enfin, je suis libre et j'accours vers toi... (*A part.*) Fasse le ciel qu'ils ne se soient pas vus !

ROLAND, *à Olivier.*
Heureux marié ! j'apprends à l'instant ton bonheur !... et tu me vois ravi, transporté !...

OLIVIER, *à Roland et à Hector, avec contrainte.*
Merci, mes amis, merci !

ROLAND.
Et cette digne jeune fille... comme elle s'est dévouée pour te sauver... avec quel courage elle a tout dit... son amour, votre rendez-vous...

OLIVIER, *vivement.*
Taisez-vous, capitaine... ne parlez pas de cela !

HECTOR, *à part.*
Quel ton ! saurait-il déjà !

ROLAND, *à Olivier.*
Ah ! je comprends tes regrets... on connaît maintenant l'adversaire de Guébriac... un soldat reître dont il courtisait la femme... Quant à moi, si l'édit s'était exécuté, je me serais jeté au milieu des balles pour mourir avec toi... mais à présent, je deviens une colombe pour la douceur... j'ai fait serment à saint Nicolas, mon patron, de ne plus me battre si tu étais sauvé... tu vois que ta vie me coûte assez cher !

OLIVIER.
Écoutez, capitaine... et toi, Hector, mon fidèle ami, il y a là, dans mon cœur, un secret qui me pèse, qui me brûle... que je ne puis vous révéler encore... Mais bientôt, j'aurai besoin de vous, de votre amitié, de vos épées peut-être... et j'y compte !

HECTOR, *à part.*
Il sait tout !... (*Haut.*) Que veux-tu faire ?

OLIVIER, *avec explosion.*
Me battre contre un homme qui m'a mortellement offensé, et dont il me faut la vie... car avec sa vie, j'aurai son silence éternel... et jusque-là pas de repos, pas de bonheur pour moi !...

HECTOR, *hésitant.*
Et cet homme, tu ne le connais pas ?...

OLIVIER.
Non, pas encore... mais bientôt, j'espère... et alors, c'est un duel à mort entre nous !

ROLAND.
Malheureux, tu l'as dit... c'est un duel à mort pour tous deux... vainqueur ou vaincu... grâce aux édits du cardinal !

OLIVIER.
C'est affreux, je le sais... si près d'être heureux... quand le bonheur est là... qui m'attend... mais je serai vengé, du moins... car cet homme ou moi, il faut que l'un de nous deux périsse !

ROLAND, *avec expression.*
Et ce ne sera pas toi, mon ami, mon enfant,

HECTOR.
Non, non, ce ne sera pas lui... c'est impossible... ce n'est pas celui qui est offensé qui doit mourir... et quant à l'autre, il y a une justice en ce monde... (*A part.*) Et il se la fera !

SCÈNE VII.

LES MÊMES, UN HUISSIER.

L'HUISSIER.
Monseigneur le cardinal fait demander monsieur le duc de Montbaret !

OLIVIER, *à lui-même.*
O ciel ! en ce moment, troublé comme je le suis... traverser les flots pressés des courtisans de son éminence... affronter leurs regards curieux... mais j'y songe, c'est moi qui vais examiner ces beaux seigneurs, et si j'aperçois sur un visage l'expression du sarcasme et de l'ironie, c'est celui-là qui se sera joué de moi... et fasse Dieu que je ne me trompe pas !... (*A l'huissier.*) Me voici, monsieur, me voici ! (*Il sort vivement par la droite, reconduit par Roland.*)

SCÈNE VIII.

HECTOR, ROLAND.

HECTOR, *pendant que Roland reconduit Olivier.*
Il sait tout ! ah ! je comprends sa fureur, son indignation... mais que sera-ce donc, s'il vient à découvrir que c'est moi, son ami... un duel avec lui... après l'injure que je lui ai faite !... jamais... et puisqu'il n'y a pas de bonheur pour lui tant que j'existerai, puisqu'il est résolu à demander la vie de celui qui l'a outragé... eh bien ! une balle, un coup d'épée... je me ferai tuer... et au fait, un peu plus tôt... un peu plus tard !

ROLAND, *entrant.*
Voilà de la fatalité !... une occasion superbe... lorsque j'ai fait le serment de ne plus me battre...

HECTOR, *à part, regardant Roland.*
Quelle idée ! le capitaine et sa botte secrète, qui ne manque jamais son homme... juste ce qu'il me faut !

ROLAND, *à part.*
Plus de mauvaises pensées... et pour commencer ma conversion... (*Montrant Hector.*) Faisons la paix avec ce jeune gentilhomme... mon ennemi intime...

HECTOR, *à part.*
Ma foi, brusquons l'affaire... depuis le temps qu'il me cherche querelle... ça doit aller tout seul... (*S'avançant vers Roland.*) Monsieur !...

ROLAND, *de même.*
Monsieur, puisque le hasard nous réunit...

HECTOR.
Puisque l'occasion se présente...

ROLAND.
Je veux en profiter...

HECTOR.
Je veux la saisir !

ROLAND.
Pour terminer nos différends...

HECTOR.
Pour finir notre querelle.

ROLAND.
Et pour vous proposer...

HECTOR.
Pour vous offrir...

ROLAND.
Aujourd'hui...

HECTOR.
A l'instant...

ROLAND.
Mon amitié !

HECTOR.
Un duel !

ROLAND, *stupéfait.*
Ah ! bah !

HECTOR, *de même.*
Ah ! bah !

ROLAND, *à Hector.*
Cela vous surprend ?

HECTOR.
Je le crois bien... au moment où je voulais...

ROLAND.
Quoi donc ?

HECTOR.
Eh, parbleu ! capitaine, me couper la gorge avec vous... voilà six mois que vous en cherchez l'occasion...

ROLAND.
Encore un duel... et de deux !... (*Avec effort.*) Il est trop tard, monsieur... j'ai fait un vœu... je ne me bats plus...

DUO.

ROLAND.
Saint Nicolas, ô mon patron !
Tu fis un miracle sans nom ;
Mais grâce à mon zèle,
Grand saint Nicolas,
Je te suis fidèle,
Et ne me bats pas !
Non, non, non, non, je ne me battrai pas !
Non !

HECTOR, *à Roland, avec feu.*
Quoi ! cette image de la guerre,
Ce combat où votre adversaire
Sous vos coups mordait la poussière,
Vous refusez...

ROLAND.
Eh ! oui, vraiment,
Je dois tenir à mon serment.
(*A part.*)

Pourtant, c'était bien séduisant!

HECTOR, *à Roland, de même.*

Et l'instant où l'on se provoque,
Et ce double fer qui se choque,
Et votre ennemi qui suffoque...
Vous résistez...

ROLAND.

Eh! oui, vraiment!
Je dois tenir à mon serment.
(*A part.*)
Et pourtant c'était bien tentant.

ENSEMBLE.

ROLAND.

Saint Nicolas, ô mon patron!
Tu fis un miracle sans nom;
Mais grâce à mon zèle,
Grand saint Nicolas,
Je te suis fidèle,
Et ne me bats pas;
Non, non, non, non, je ne me battrai pas!
Non!

HECTOR.

Saint Nicolas, toi son patron,
Tu fis un miracle sans nom,
Mais à ton saint zèle
Il sera fidèle,
Grand saint Nicolas,
Et ne se battra pas!
Non, non, non, non, il ne se battra pas!
Non!

HECTOR.

Mais d'où vient donc, monsieur, cette amitié subite?

ROLAND.

N'êtes-vous pas l'ami de celui qui nous quitte?
Que j'aime comme un fils, et pour qui sans regret
Je donnerais mes jours...

HECTOR, *à part.*

Que dit-il?... mais au fait...
Et pour le forcer à se battre,
C'est un moyen...
(*A Roland.*)
De ce beau sentiment,
Ah! croyez-moi, vraiment,
Monsieur, vous pouvez bien rabattre,
Car celui qu'Olivier cherche pour son malheur,
Celui qui l'offensa, dont il lui faut la vie,
C'est moi!

ROLAND.

Vous! allons donc! quelle plaisanterie!

HECTOR.

C'est moi, je vous le jure ici, sur mon honneur!

ROLAND.

Vous!

HECTOR.

Moi qui l'ai trahi dans un moment funeste...
Et quand il le saura... malgré moi, je l'atteste,
Nous nous battrons... car il doit se venger...

ROLAND.

O ciel! se battre... quel danger!...
Savez-vous bien, monsieur le mousquetaire,
Que c'est fort mal!

HECTOR.

De vos avis je n'ai que faire!
Ça m'est égal!

ROLAND.

Sur mon honneur, dussé-je vous déplaire,
C'est déloyal!

HECTOR, *avec ironie.*

N'allez pas vous mettre en colère,
Cela fait mal!

ROLAND.

Olivier a bien mieux à faire!
Vous aurez un autre adversaire,
Et sur ma foi
Ce sera moi!

HECTOR.

Allons donc! ce n'est pas sans peine!

ROLAND.

Oui, je vous dois toute ma haine...
Pour n'avoir pas craint d'insulter
Votre ami, presque votre frère!

HECTOR.

Quoi! vous serez mon adversaire?

ROLAND.

A moi seul vous aurez affaire!

HECTOR, *avec joie.*

J'étais bien sûr de l'emporter!

ROLAND.

O grand saint, mon apôtre!
Puis-je faire autrement?
Mais en me battant pour un autre,
Je tiens toujours mon serment!

ENSEMBLE.

ROLAND *et* HECTOR, *avec feu.*

Et d'estoc et de taille,
Comme en une bataille,
Je défierai ses coups;
Oui, battons-nous!
Car sans pitié ni grâce
Notre bras frappera!
L'un de nous sur la place,
Aujourd'hui restera.

HECTOR.

Vos armes?

ROLAND.

Mon épée!

HECTOR.

Le lieu?

ROLAND.

Sur les remparts...
Par trop de gens ici la place est occupée,
Et je crains les regards...

HECTOR.

Le moment?

ROLAND.

Dans une heure
Auprès de ma demeure
Je vous attends!

HECTOR.

Comptez sur moi!

ROLAND.

J'y serai, monsieur, sur ma foi

REPRISE DE L'ENSEMBLE.

ROLAND *et* HECTOR.

Et d'estoc et de taille,
Comme en une bataille,
Je défierai ses coups.
Oui, battons-nous,
Car, sans pitié ni grâce,
Votre bras frappera
L'un de nous sur la place
Aujourd'hui restera.

(*Roland sort vivement par le fond en menaçant Hector.*)

SCÈNE IX.

HECTOR, *puis* BERTHE.

HECTOR.

C'en est fait! tout est arrêté, convenu... et la rapière du capitaine se chargera du reste... je la connais... elle s'en acquittera en conscience... (*S'asseyant à une table à droite et s'apprêtant à écrire.*) Maintenant quelques mots à Olivier... et qu'il sache que si j'ai compromis son repos et son bonheur, je n'ai pas hésité à donner ma vie pour les lui rendre!

BERTHE, *entrant pendant qu'Hector écrit.*

Enfin, le mariage est officiel... monsieur d'Entragues est nommé capitaine des mousquetaires... le cardinal lui rend ses bonnes grâces... et je viens d'embrasser Athénaïs... Comme elle est heureuse!... et comme une toilette de mariée vous embellit... je voudrais bien savoir si cela me ferait le même effet! (*Apercevant Hector.*) Monsieur de Biron!

HECTOR, *se levant.*

Mademoiselle de Simiane!

BERTHE, *l'examinant.*

Ah! mon Dieu! monsieur, comme vous avez l'air ému!

HECTOR.

Ce n'est rien, mademoiselle... le bonheur de vous voir, peut-être!

BERTHE, *riant.*

Est-ce que le bonheur donne cette figure-là !... qu'est-ce que vous ferait donc le chagrin ?

HECTOR.

Eh bien ! c'est plutôt le chagrin... car en vous apercevant, je me disais que c'était peut-être pour la dernière fois !

BERTHE, *vivement.*

La dernière fois !... que voulez-vous dire, monsieur ?... ce n'est pas un duel, j'espère... mais vous êtes si mauvaise tête... Ah çà ! est-ce que messieurs les mousquetaires se figurent qu'ils auront toujours là une demoiselle d'honneur pour les tirer d'affaire?...

HECTOR.

Non, mademoiselle, non... de pareils dévouemens coûtent trop cher... mais à la veille d'entrer en campagne... une mission périlleuse qui m'attend...

BERTHE.

Ah! la vilaine chose que la guerre! un pauvre jeune homme qui reviendra peut-être blessé, défiguré... ou qui même ne reviendra pas... Ah ! cette pensée-là, malgré soi, cela fait mal !...

HECTOR.

Que de bonté !

BERTHE.

C'est tout simple... n'êtes-vous pas mon chevalier?... Mais j'ai une idée... écoutez-moi, monsieur... je suis un peu superstitieuse... ne riez pas... j'ai bon espoir... et je pense que ce que vous savez bien... ce que je vous ai donné, vous portera bonheur et vous protégera dans le danger !

HECTOR, *surpris.*

Moi, mademoiselle!... vous m'avez fait un don?...

BERTHE.

Il ne s'en souvient même plus... ah ! c'est affreux, monsieur !

HECTOR.

Si fait, mademoiselle... comment donc... tout ce qui vient de vous est si cher, si précieux... (*A part.*) Qu'est-ce que ça peut être?

BERTHE.

Et pourquoi ne la portez vous plus... là, à votre bras... comme vos camarades?

HECTOR.

Là... à mon bras... (*Se rappelant.*) Ah! mon écharpe... présent charmant, adorable... (*A part.*) Qu'est-ce que j'ai donc pu en faire ?

BERTHE.

Voyons, monsieur, répondez... où l'avez-vous mise?

HECTOR, *avec embarras.*

Sur mon cœur, mademoiselle... elle y était, elle y serait encore... si je ne l'avais serrée, cachée... avec tant de précaution... de soin...

BERTHE.

Mais vous la reprendrez... vous ne la quitterez plus... à la guerre surtout!

HECTOR.

Jamais, mademoiselle, jamais!

BERTHE.

S'il en est ainsi, je ne vous en veux plus, et c'est vous qui me donnerez la main pour accompagner Athénaïs à l'autel...

HECTOR.

Moi, mademoiselle, je le voudrais... mais ce bonheur-là ne m'est pas permis.... il faut que je parte... aujourd'hui même, on m'attend...

BERTHE.

Partir! le jour du mariage de votre ami... sans le voir?...

HECTOR.

Je ne le puis... à mon grand chagrin... mais là, dans ce billet, je lui adresse mes adieux... et même, si j'osais...

BERTHE.

Osez, monsieur.

HECTOR, *lui donnant sa lettre à Olivier.*

Vous prier de vous en charger, pour le lui remettre... mais dans une heure seulement... S'il l'avait avant, on voudrait peut-être m'empêcher de partir .. s'opposer à un devoir d'honneur qu'il faut remplir... et pour lequel je suis déjà en retard...

BERTHE.

Partez donc, monsieur, partez vite... puisqu'il s'agit d'honneur, de devoir... je ne vous retiens plus...

HECTOR, *avec une vive émotion.*

Oui, d'un devoir bien rigoureux, bien cruel... et je ne croyais pas, il y a quelques instants, qu'il fût si pénible à remplir.

BERTHE, *avec sentiment.*

Vrai, monsieur, vous pensez cela... bien vrai?...

HECTOR, *de même.*

Ah ! sur ma vie... sur tout ce que j'ai de plus cher au monde... oh ! tenez, je vous quitte, car je sens que tout à l'heure, dans un moment peut-être, je n'en aurais plus la force, ni le courage !

BERTHE.

Le courage! ah! monsieur, ne me parlez pas ainsi... car alors, c'est peut-être moi qui en manquerais...

HECTOR, *à part.*

Qu'entends-je !... ce tendre intérêt... et mourir maintenant !.. ah ! c'est dommage !...

BERTHE.

Qu'avez-vous?

HECTOR.

Rien, rien... adieu, mademoiselle, adieu ! (*Il sort par le fond.*)

BERTHE, *le regardant sortir.*

Pauvre jeune homme ! comme il m'a dit cela... comme sa voix tremblait... j'éprouve une émotion... ah ! je sais bien pourquoi... c'est que malgré moi, sans le vouloir... (*Baissant la voix.*) Je crois que l'aime... oh ! mon Dieu ! si l'on m'avait entendu... et le laisser partir sans le revoir encore... (*On entend au fond une musique militaire.*) Non, non... cette aubade au nouveau capitaine... (*Indiquant la droite.*) Attire tout le monde de ce côté... (*Montrant le fond.*) Et de cette terrasse je puis l'apercevoir encore... et puis, il l'a dit... c'est peut-être pour la dernière fois... (*Elle monte sur la terrasse du fond d'où elle est censée voir Hector dans le parc.*)

SCÈNE X.

BERTHE, *sur la terrasse,* OLIVIER, *entrant avec agitation tenant une écharpe à la main.*

OLIVIER.

Enfin, je tiens un indice, une trace !... cette écharpe que m'a remise la grande maîtresse des filles d'honneur... cette écharpe qu'elle croit avoir été oubliée par moi, cette nuit, pendant ce funeste rendez-vous... A cette vue, j'ai eu peine à contenir ma fureur et ma joie... car voilà ce qui me guidera jusqu'au traître que je dois frapper !... (*Examinant l'écharpe.*) Et pourtant pas un chiffre, pas une lettre qui la distingue des autres...

BERTHE, *revenant de la terrasse.*

Parti... (*A Olivier.*) Ah ! c'est vous, monsieur le duc... je suis ravie de vous voir... et si je ne vous ai pas fait mon compliment la première, ce n'est pas ma faute, je vous assure !

OLIVIER, *avec distraction.*

Merci, mademoiselle, de la part que vous prenez à ma joie et à mon bonheur !

BERTHE.

Ah ! mon Dieu ! de quel air vous me dites ça !... comment, et vous aussi... jusqu'au futur qui paraît triste et désespéré... voilà un joli jour de mariage !

OLIVIER, *regardant l'écharpe.*

Mon mariage... il va se faire... dans une heure...

BERTHE.

Je le sais bien... et je viens de voir Athénaïs plus jolie que jamais sous ces habits de fiancée... Ah ! ça, monsieur, vous ne m'écoutez pas?... qu'est-ce que vous regardez donc là, si obstinément !

OLIVIER, *voulant serrer l'écharpe.*

Rien, mademoiselle... rien !

BERTHE, *l'arrêtant.*

Une écharpe... (*Jetant un cri.*) Ah ! mon Dieu !

OLIVIER.

Qu'avez-vous ?

BERTHE, *examinant l'écharpe.*

Mais non, je ne me trompe pas... cette pensée brodée... c'est cela... c'est son écharpe... comment, monsieur, il vous l'a donc donnée ?

OLIVIER.

Expliquez-vous, de grâce !

BERTHE.

Ah ! c'est affreux à lui... quand, là, tout à l'heure encore, il m'assurait qu'il l'avait serrée si précieusement !

OLIVIER.

Au nom du ciel ! de qui parlez-vous ?

BERTHE.

Mais de lui, de votre ami .. de M. de Biron !

OLIVIER, *jetant un cri.*

Hector ! lui ! c'est impossible !

BERTHE.

Mais si fait... je la reconnais !

OLIVIER.

Cette écharpe est à lui, dites-vous ?

BERTHE.

Mais sans doute, c'est moi qui la lui ai donnée, dans le parc... qui ai brodé cette fleur à son intention.

OLIVIER, *avec fureur.*

Hector ! ah ! c'est indigne...

BERTHE.

N'est-ce pas, monsieur, que c'est indigne, que c'est affreux à il !

OLIVIER.

Un ami... le seul que je n'aurais pas soupçonné... quelle trahison !

BERTHE.

Oui, monsieur, c'est une trahison qui ne mérite pas de pardon!

OLIVIER.

Le pardon ! oh ! non pas... c'est sa vie qu'il me faut...

BERTHE.

Sa vie... ah ! c'est trop fort... Si l'on tuait ainsi tous les infidèles, ce serait un massacre général à la cour.

OLIVIER, *avec douleur.*

Un tel affront, une si cruelle perfidie, quand il connaissait mon amour, ma passion pour Athénaïs...

BERTHE.

Comment, votre passion... mais je ne vous comprends plus...

OLIVIER.

Non, mademoiselle, non... avec une âme généreuse, avec un cœur tel que le vôtre, on ne peut comprendre un pareil trait... mais de sa part, à lui, que j'aimais comme un frère... ah ! c'est infâme !

BERTHE.

Mais au nom du ciel, qu'a-t-il fait ?

OLIVIER, *avec douleur.*

Ce qu'il a fait, mademoiselle ? il a voulu me ravir ce que j'avais de plus saint, de plus précieux sur la terre !... un bien dont il savait que la perte me ferait mourir... et pendant qu'il me trompait, qu'il me trahissait... sa main serrait la mienne... et il m'appelait son ami.

BERTHE.

Ah ! je n'ose croire à de pareils torts de la part de M. de Biron, quand tout à l'heure encore il semblait désolé de s'éloigner sans vous revoir...

OLIVIER.

Lui !...

BERTHE.

Oui monsieur, et j'en ai la preuve... une lettre pour vous, que je ne devais vous remettre que dans une heure...

OLIVIER.

Une lettre !...

BERTHE.

Mais je vous vois si désolé, si furieux, que je n'ai pas le courage de la garder plus long temps... eh ! tenez, monsieur... tenez... la voici...

OLIVIER, *prenant la lettre.*

Que peut-il me dire ? (*Lisant.*) « Olivier, ne cherche plus celui qui t'a offensé... c'est moi... mais je te jure sur l'honneur « que j'ignorais ton amour quand j'ai commis la faute que tu « me reproches... tu veux t'en venger, et tu as raison... mais « comme un duel entre nous est impossible... je viens de pro« voquer le capitaine Roland, dont les coups sont toujours mor« tels.

BERTHE, *avec effroi.*

O ciel !

OLIVIER, *continuant.*

« Puisse le sacrifice de ma vie expier ma faute à tes yeux et « m'obtenir ton pardon, ainsi que celui de l'ange de vertu que « tu vas épouser... Je me rends de ce pas sur les remparts... et « quand tu recevras ce billet, je n'existerai plus ! »

BERTHE, *avec désespoir.*

Mort !... lui... M. de Biron !

OLIVIER.

Qu'ai-je lu ?

BERTHE.

Ah ! je devine tout maintenant... Ses adieux, sa douleur en me quittant... c'était pour vous, pour vous qu'il allait mourir !

OLIVIER.

Mourir !

BERTHE.

Ah ! monsieur ! s'il reste encore quelque pitié dans votre cœur, sauvez-le... la mort est là qui s'apprête... qui va frapper... Grâce pour lui, monsieur... songez à votre désespoir, si vous étiez menacé de perdre celle que vous aimez... (*Avec effort.*) Eh bien ! moi aussi, je l'aime, et c'est à genoux que je vous demande sa vie ! (*Elle tombe aux genoux d'Olivier.*)

OLIVIER, *la relevant avec une vive émotion.*

Sa vie !... mais je ne veux pas qu'il meure, moi !...

BERTHE, *avec joie.*

Vrai, monsieur... (*Frappée d'une idée.*) Mais j'y songe... dans un moment, peut-être...

OLIVIER, *de même.*

Il ne serait plus temps... (*Se dirigeant avec Berthe vers le fond.*) Courons vite !

BERTHE, *jetant un cri en voyant la porte du fond s'ouvrir et Roland paraître.*

Ciel ! trop tard !

SCÈNE XI.

LES MÊMES, ROLAND, *puis* HECTOR.

OLIVIER, *courant à Roland.*

Hector, qu'en as-tu fait ?

ROLAND.

Je l'ai puni...

OLIVIER, *avec horreur.*

Malheureux... tu l'as tué ?

ROLAND.

Est-ce que l'on tue les gens qui ne se défendent pas !... (*A la cantonnade.*) Venez donc !...

OLIVIER, *voyant Hector qui paraît, hésite un instant, puis court à lui en voulant lui prendre la main; avec attendrissement.*

Hector !

HECTOR, *retirant vivement la main blessée.*

Non, pas la main !

OLIVIER, *lui tendant les bras.*

Dans mes bras, alors !... (*Ils se précipitent dans les bras l'un de l'autre.*

SCÈNE XII ET DERNIÈRE.

(*A ce moment toutes les portes du fond s'ouvrent à la fois, et l'on aperçoit toute la cour d'Anne d'Autriche et les mousquetaires de la compagnie d'Olivier. Puis on voit paraître Athénaïs en toilette de mariée et entourée des Demoiselles d'honneur et de la Grande-Maîtresse, qui remet à Olivier la main de mademoiselle de Solange; pendant ce temps et sur un signe de son ami, Hector est allé se jeter aux genoux de Berthe de Simiane.*)

CHOEUR GÉNÉRAL.

Cet instant prospère
Comble tous nos vœux.
Unis sur la terre
Et bénis aux cieux,
Après tant de peine,
Leurs tendres amours
Seront une chaîne
Des plus heureux jours !

OLIVIER, *à Athénaïs.*

Motif de la romance du troisième acte, scène troisième.

Venez, ma noble et belle amie,
On nous attend... c'est à l'autel
Que je veux consacrer ma vie,
A votre bonheur éternel !
Sur notre amour plus d'un nuage
Aura passé sans l'obscurcir;
Dieu chasse l'orage,
A nous l'avenir !

(*A la fin de ce couplet et pendant la reprise du chœur, on aperçoit la reine Anne d'Autriche précédée de ses pages, se dirigeant vers la chapelle et faisant signe à Athénaïs et Olivier qu'on les attend à l'autel; Berthe, à qui Hector donne la main, s'apprête à suivre mademoiselle de Solange pour la cérémonie nuptiale.*)

CHOEUR FINAL.

Cet instant prospère
Comble tous nos vœux;
Unis sur la terre, etc.

FIN.

www.ingramcontent.com/pod-product-compliance
Lightning Source LLC
LaVergne TN
LVHW020456230826
846091LV00008BA/3228

* 9 7 8 2 0 1 4 4 5 2 1 8 1 *